"我是小小集邮家"丛书

认识邮票中的名胜古迹 1

谢宇　主编

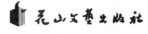

河北·石家庄

图书在版编目（CIP）数据

认识邮票中的名胜古迹.1/ 谢宇主编. -- 石家庄
：花山文艺出版社，2013.4（2022.3重印）
　（我是小小集邮家丛书）
　ISBN 978-7-5511-1135-5

　Ⅰ. ①认… Ⅱ. ①谢… Ⅲ. ①邮票－中国－图集②名
胜古迹－世界－青年读物 Ⅳ. ①G894.1②K917-49

　中国版本图书馆CIP数据核字(2013)第128590号

丛 书 名：“我是小小集邮家”丛书
书　　名：认识邮票中的名胜古迹 1
主　　编：谢　宇

责任编辑：冯　锦
封面设计：慧敏书装
美术编辑：胡彤亮
出版发行：花山文艺出版社 （邮政编码：050061）
　　　　　（河北省石家庄市友谊北大街 330号）

销售热线：0311-88643221
传　　真：0311-88643234
印　　刷：北京一鑫印务有限责任公司
经　　销：新华书店
开　　本：880×1230　1/16
印　　张：10
字　　数：160千字
版　　次：2013年7月第1版
　　　　　2022年3月第2次印刷
书　　号：ISBN 978-7-5511-1135-5
定　　价：38.00元

"我是小小集邮家"丛书

分册书名

1.认识邮票中的建筑艺术

2.认识邮票中的军事故事

3.认识邮票中的体育竞技

4.认识邮票中的文学与生肖故事

5.认识邮票中的植物世界

6.认识邮票中的动物世界

7.认识邮票中的名胜古迹（1、2）

8.认识邮票中的社会建设成就（1、2）

9.认识邮票中的艺术世界（1、2）

10.认识邮票中的民俗与节日（1、2、3）

11.认识邮票中的古今人物（1、2、3）

编　委　会

前　言

　　新中国的邮票从1949年开始发行，基本都以建筑、自然风光、动植物为图案，其种类主要有普通邮票、纪念邮票、特种邮票等。纪念邮票是从1949年10月8日开始发行，新中国的纪念邮票多以重大的政治事件、庆典和节日为内容，对一些革命人物、文化名人以及重要的国际活动也发行过纪念邮票；特种邮票的题材非常广泛，包括了经济、社会建设、文化艺术、珍禽异兽、奇花异草、山水风光等。

　　"我是小小集邮家"丛书收录了从中华人民共和国成立到2010年，新中国所发行的各类邮票品种，以全新的分类方式，全方位展现给广大读者朋友，并依照邮票的志号（及时间先后）顺序，系统介绍了从1949年到2010年我国发行的每套邮票的时代背景、每一枚邮票的图案内容及主题和所涉及的相关知识、对邮票图案艺术设计特点的研究和鉴赏等。内容分为：风景名胜类、建筑类、人物类、动物类、植物类、艺术类、文学类、体育类、军事类等。全书对各类邮票采用简短、浅显易懂的文字进行介绍，通过图文混排的形式把它们全方位、多角度地展现在读者面前，使读者更加深刻地了解中国邮票艺术的发展历程、时代特征及收藏价值。

　　丛书在邮票发行背景的介绍中，力求真实、客观，以历史的本来面目记述事件与人物的真相。同样，邮票图案的设计也不是随心所欲的，它要与立题密切配合，相互依衬、相互烘托。因此，丛书在邮票图案内容的介绍中，既突出主题，又兼顾相关，使介绍的对象生动、跃然。全书语言生动，文笔优美，图片清晰，具有较高的趣味性和较强的可读性，是广大集邮爱好者学习集邮、鉴赏邮票必读的普及性读物。

　　本丛书在编写过程中，得到了国内许多集邮爱好者的关心和支持（由于人员太多，请恕我们不能一一列举），特别是天津科技翻译出版公司各级领导和各位老师的悉心指导和帮助，在本丛书即将付印之际，特向相关人员表示诚挚的谢意。需要特别声明的是：本丛书只是丛书编委会人员就新中国邮票这一领域的首次大胆尝试，真心希望本丛书能够起到抛砖引玉的作用，希望在这一领域能够不断涌现出更多、更好、更能适合读者阅读的好图书。

　　另外，由于编写人员知识水平有限及编写时间仓促，尽管我们尽最大努力想把每一部分内容都能够做得更完美，但还是由于各方面的原因，仍有不尽如人意之处。在这里我们热诚希望广大读者朋友就书中的错谬之处大胆批评指正。读者交流邮箱：228424497@qq.com。

丛书编委会
2013年3月

目　录

首都名胜

发行日期：（1、2、4、5、6图）1956.6.15；（3图）1957.2.20

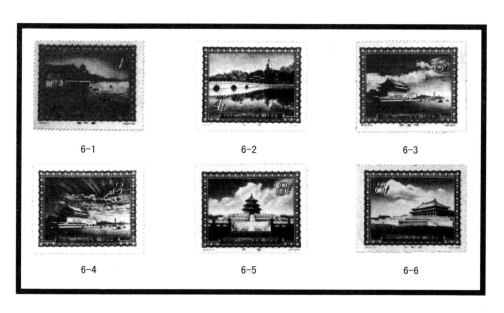

6-1　　　　　　　6-2　　　　　　　6-3

6-4　　　　　　　6-5　　　　　　　6-6

（特15）

6-1（104）颐和园　　4分　　　1200万枚

6-2（105）北海　　　4分　　　1200万枚

6-3（106）天安门　　8分　　　2000万枚

6-4天空光芒四射　　　　　　未发行

6-5（107）天坛　　　8分　　　1650万枚

6-6（108）太和殿　8分　　1650万枚

邮票规格：39mm×29mm
齿孔度数：14度
整张枚数：70枚
版　　别：雕刻版
设计者：邵柏林
雕刻者：宋广增、吴彭越、林文艺、孔绍惠、高振宇、李曼曾
印刷厂：北京人民印刷厂营业分厂
全套面值：0.32元

知识百花园

我国首都北京，位于华北大平原的北端，其西部和北部是连绵不断的群山，东部是缓缓向渤海倾斜的平原。市中心海拔43.71米，山地约占全部面积（约1.7万平方千米）的62%，平原约占38%，全市有永定河、潮白河、北运河、拒马河和淘河等5条河流贯穿。北京属于温带大陆性气候，春秋季节较短，冬季长达5个月，无霜期为180天。北京是我国历史悠久的城市和古都之一，约在50万年前，北京周口店地区就出现了早期的人类—北京人。北京最初见于记载的名字叫作蓟。春秋战国时期，为燕国的都城。10世纪初，辽代建为陪都，称南京，又名燕京。12世纪中叶，金朝建都于此，称中都。此后，元、明、清和民国初年都定都北京，前后近800年。作为历朝国都，北京经多年经营，至今仍保留着许多举世闻名的宫殿、坛庙、寺院、园林等名胜，主要古迹有：长城、故宫、颐和园、明十三陵、天坛公园、北海公园、香山公园、碧云寺、卧佛寺、雍和宫、广济寺、大钟寺、妙应寺白塔、潭柘寺、戒台寺、大觉寺、法源寺、卢沟桥、圆明园遗址等。这些古代建筑不但体现了中国劳动人民的智慧和才能，而且表现了中国传统的建筑艺术和独特的建筑风格。

为了宣传我国首都这些珍贵的历史胜迹和文化遗产，邮电部专门发行了这套《首都名胜》特种邮票。

【颐和园】位于北京西北郊海淀区距市中心约15千米处。1153年，金朝完颜亮在此设行宫。明代为好山园。1750年，清乾隆帝弘历改建为清漪园，用15年时间，花400多万两白银，于1764年建成。1860年，被英法联军烧毁。1888年，慈禧挪用海军经费2000万两白银重建，称为颐和园，作为清朝帝后的行宫和花园。1900年又遭八国联军严重破坏，1903年再次修复。全园面积290万平方米，主要由万寿山和昆明湖组成，其中水域面积占全园的3/4。园内有殿、阁、亭、廊等不同形式的建筑3000多间。主要建筑有：东宫门内的仁寿殿，是慈禧垂帘听政的地方。她所居住的乐寿堂，至今仍保持着当年的原貌。光绪居住在玉澜堂，戊戌变法失败后，他曾被囚禁于此。还有德和、谐趣园等。乐寿堂西边是长廊，长达728米。每根梁枋上都绘有彩画，内容有历史故事、传统戏剧、西湖风景、花鸟虫鱼等，绚丽多彩。长廊是我国古典园林建筑中不可缺少的组成部分，而像颐和园这样的长廊是少有的。排云殿金碧辉煌，是慈禧庆祝诞辰接受百官朝贺之处。铜亭，高7.5米，用41.4万斤精铜所铸，是帝后命喇嘛念经，为他们祈祷求寿的地方。在昆明湖畔还有一堤模仿杭州西湖苏堤，堤上架有6座形式不同的桥，即西堤六桥，其中尤以半圆高拱的玉带桥最为优美。半圆的桥洞与水中倒影，虚实相合，宛如一轮透明的圆月，在水面上浮动荡漾，十分动人。东部湖上的南湖岛，有山石垒成的假山及龙王庙等建筑。南湖岛由一条长150米、宽8米的十七孔桥和东岸相连，桥栏的望柱上雕有500多只神态不同的狮子。在离十七孔桥北边不远的东堤上，有一头伏卧的铜牛，两角耸立，双耳竖起，似若有所闻，回首顾盼之态。它是乾隆帝沿用大禹治水时用铁牛镇服水患的故事而铸造的，并在牛背上用篆文铸了一篇80字的《金牛铭》，以神牛永镇昆明湖而祈神保佑他的王朝。在昆明湖西北岸边，长廊尽头停泊着一条用汉白玉石雕砌成的大石船，即是著名的清晏舫（石舫），以观赏湖中景色并寓意清王朝如磐石般坚固。此外尚有知春亭、听鹂馆、佛香阁等，这些建筑分布在山水林木之中，其布局可谓集我国造园艺术之大成，尤以园外西山、玉泉山群峰为借景，空间分外开阔，气魄宏伟，手法巧妙，成为"虽由人作，宛自天成"的典范。园中阁耸廊回，水秀山清，金碧辉映，在中外园林艺术史上占有重要位置。特别是由于慈禧、光绪在园内的活动，使此园与中国近代史关系密切。辛亥革命后，于1914年开放，

1924年止式辟为公园。1949年3月25日，毛泽东主席来到刚解放的北平，当晚就在颐和园益寿堂设宴招待北平的爱国民主人士。4月29日，毛主席在《和柳亚子先生》诗中写下了"莫道昆明池水浅，观鱼胜过富春江"的名句。新中国成立后，经不断修缮，使颐和园旧貌换新颜，它每天接待着成千上万的中外游人，已成为世界知名的游览胜地和古典园林建筑的楷模。邮票画面为颐和园的昆明湖和万寿山的优美景色。

图6-2【北海】位于北京西城区故宫和景山的西北，是我国现存历史最久，规模宏伟的一处古代帝王宫苑。占地面积约70万平方米，其中湖泊面积约占1/2以上。早在公元9世纪，辽代即已在此建瑶屿行宫。金灭辽，建中都，并大兴土木，于1170年始，先后在这里建瑶光殿、广寒殿。挖沼堆团城和环湖小山，又从汴京（今开封）运来大批太湖石，在岛上叠假山，并命名水为西华潭、山为琼华岛，上建大宁宫，把它建成一座精美的离宫别馆。元世祖忽必烈三次扩修琼华岛，并以此为中心建大都城，成为现在北京内城的基础。其山为万岁山，水为太液池，增建仁智殿。明、清两代的北京城，基本上沿袭元大都的旧制。明代称北海，并在太液池北岸修筑五龙亭，中有曲桥相连，犹如五条彩龙在水边嬉戏。清顺治八年（1651）在已于1579年倒塌拆除的广寒殿废址上建藏式白塔，塔前建白塔寺（今为永安寺）。从清乾隆时起，又多次施工，在琼华岛周围修建许多亭台殿阁，又在北岸修建了蚕坛、阐福寺、西天梵境、万佛楼、小西天、观堂、镜清斋等。使北海具备了今天的规模。在徵观堂的东北部，还有一处"九龙壁"，高5米，厚1.2米，长27米，全部用五彩琉璃砖、瓦所砌，两面各有9条蟠龙，在云雾中做战斗之姿，无一处同，下衬无边海水，色彩鲜明，造型优美生动，数百年来没有改变。综观北海，其全园布局以琼华岛为中心，南面寺院依山势排列，直达山麓岸边的牌坊；一桥横跨，与团城的承光殿气势连贯，遥相呼应。北面山顶至山麓，亭阁楼榭隐现于幽邃的山石之间，穿插交错，富于变化。山下为傍水环岛而建的半圆形游廊，东接倚晴楼，西连分凉阁，曲折巧妙而饶有意趣。整个布局既有江南园林精微纤细之趣，又有北方园林端重大方之风，1925年即辟为公园。邮票画面为北海公园的主体，即琼华岛与白塔、太液与永安桥的胜景。

图6-3【天安门】位于北京市区中心，原为明、清两代皇城的正门。始建于明朝永乐十五年（1417），历时三年，于1420年建成，称"承天门"。清顺治八年

（1651）重建，改名为"天安门"。它是在面积为2000多平方米雕刻精美的汉白玉须弥基座上，由每块重达24千克的大砖，砌成10米多高的宽阔坚实的砖台，在其上修建的金碧辉煌的城门楼。城门楼形似大殿，高达33.74米，重檐飞翘。雕梁画栋，黄瓦红墙，壮丽异常。它东西宽9间，南北进深5间，合封建社会中象征帝王之尊的"九五"之数。城楼屋脊的两端，有龙头形吻兽作装饰。前后四条垂脊也有龙、凤之类的吻兽，传说此为"九脊封十龙"，意即每天有10条龙来守卫宫殿。梁坊上有彩绘装饰，也有龙的形象，使整个城楼显得堂皇而庄严。城楼下开5个门洞，称为"五阙"。门楼前有护城河环绕，称为金水河。河上并列石桥五道，即为金水桥。桥下均为三孔，桥面均为白石，桥侧均有石雕栏杆，桥与门洞相对应，正中为御路桥，专供帝后经过；两旁为王公桥；两边为品级桥，为三品以上官员经过之路；而四品以下，则只能绕道而行，无权过此金水桥。在天安门前后，尚有洁白石柱四根，称作华表，它本是古代群众刻写意见（原为木柱）之处，后来逐渐演变成帝王宫殿前的装饰品。这四根华表均由须弥座、柱身和柱顶三部分组成，满布精美雕刻花纹，白云蓝天之下更显华丽，也更加衬托出天安门的雄伟。门楼之下，还有石狮两对，金水桥南华表旁为守桥的狮子，桥北的是守天安门的狮子，用狮子守卫皇宫的大门和桥梁，更增加了皇家的威严和气势。在天安门前，有一宽大的东西横街和一南北纵深的广场，称作天街，它是帝王与臣庶分隔与联系的地方，如今已扩建为天安门广场。天安门正是以天街、金水桥、华表、石狮等组成了自己宽阔而雄伟的布局。新中国成立后，雄伟壮丽的天安门，已经成为新中国的象征，成为人们向往的地方。

图6-4这枚邮票的设计与发行还有一段曲折的经历。设计者最先设计的图案，意在表现东方黎明的天安门，彩霞满天，光芒万丈。但在当时的历史背景下，在审稿过程中，有人提出：天安门"不伟大""不美"；天空"阴沉""沉闷"；继而发展为天安门上空好似"暴风雨"来临，如同发生了"大爆炸"等，虽经设计者反复解释并数易其稿，但仍无改变，甚至将"意见"演绎为"天安门前爆炸了一颗原子弹"云云。真是"人言可畏"。终于在1956年6月9日，邮电部领导决定，首都名胜邮票天安门图一枚暂停发行，并于6月12日急电全国"扫数"收回。但在电报发出之前，浙江、江苏、江西省属个别市县局已提前出售，其中江西南昌、丰城售出最多，虽经追收，仍有700多枚流入社会，人们俗称这枚邮票为"放光芒"，

至4，已成为万众瞩目的珍稀邮品。邮票图案经修改重印后，于1957年2月20日补发（6-3）。该票为橘红色，而"放光芒"为橘黄色；天安门城楼上空为白云，而"放光芒"则布满浓云，阳光从云缝间射出放射状光束，这也正是"放光芒"名称的由来。

图6-5【天坛】位于北京东城区正阳门外，永定门内大街路东。始建于明永乐十八年（1420），是封建帝王祭天和祈祷丰年的地方，为我国现存规模最大的坛庙建筑。初建时名天地坛，坛上有圆殿称大祀殿，嘉靖九年（1530），因立四郊分祀之制，于嘉靖十三年（1534）改称天坛，大祀殿亦于嘉靖十四年（1535）改建，名大享殿。乾隆十六年（1751），大享殿改名祈年殿，光绪十五年（1889）八月，殿遭雷击焚毁，次年重建，于光绪二十二年完工。新中国成立后，于1970年重修。祈年殿分3层，高38米，直径32.72米，殿内正中4根龙井柱高大粗壮，象征一年四季。中层12根金柱代表12个月，外层12根檐柱表示12个时辰。这28根巨大木柱支撑起高大沉重的三重檐，体现了中国古代木构建筑独特的柱梁斗拱构架的特点。邮票画面为祈年殿的外貌。天坛整个占地面积约273万平方米，有垣墙两重相围，形成内外坛，且垣墙呈南方北圆状，象征天圆地方。祈年殿在内坛，其南有圜丘坛，北有祈谷坛，形成了整个天坛建筑的布局。1860年英法联军和1900年八国联军两次入侵，天坛均遭严重破坏。1913年曾供外国人游览，1918年正式开放，新中国成立后，已辟为天坛公园。

图6-6【太和殿】位于北京市中心故宫之内，俗称"金銮殿"，位居故宫外朝三大殿（太和、中和、保和）之首，是皇帝即位、寿辰、节日庆贺、颁布诏令等大典的地方。始建于明初永乐四年（1406），名奉天殿，但于永乐十八年（1420）四月毁于雷火，正统六年（1441）重修。嘉靖四十一年（1562）改名皇极殿。清顺治二年（1645）方用太和殿名称。现存建筑为康熙三十四年（1695）重建。殿前有一大门，名太和门，广九楹，重檐歇山顶，面积1800平方米，是故宫最大的大门。门南广场内有一金水河，即内金水河，长200多米，上跨石桥5座，进太和门即为外朝区，首先映入眼帘的便是太和殿。殿面阔11间，纵深37.2米，东西横广63.96米，通高37.44米。外有廊柱72根支撑梁架，重檐庑殿式屋顶。殿内设有金漆雕龙皇帝宝座，座后有雕镂极精的围屏。座旁有沥粉贴金缠龙金柱6根，每根高12.7米，直径1米。座顶正中的藻井悬有蟠龙衔珠，天花板、梁、枋均绘饰缤纷彩

画。太和殿面积共为2300平方米，由55间房屋组成，它与中和殿、保和殿共建于一高达8.13米的三层汉白玉须弥座上，更显大殿之伟岸气魄。太和殿前有一广场，面积约3.6万平方米，可容纳万人朝会，两侧有东西廊庑32间，为外朝区辅助用房。太和殿是故宫中最雄伟壮丽的建筑物，也是全国最大的木结构殿宇，它突出了天子"九五"之尊的地位，也显示了我国古典建筑的伟大。邮票画面为太和殿的雄姿。每逢朝会盛典，外朝区三大殿，尤其是太和殿场面极其盛大隆重。殿前18座铜鼎炉、铜龟、鹤形香炉都燃起松柏枝，殿内的铜炉点燃檀香，大殿内外香烟缭绕；殿外仪仗旗帜排列严整，殿廊下的金钟、玉磬等鼓乐齐鸣，王公大臣三跪九叩，山呼万岁，气氛肃穆。

颐和园长廊彩绘

黄山风景

发行日期：1963.10.15

16-1　　16-2　　16-3　　16-4

16-5　　16-6　　16-7　　16-8

16-9　　　　16-10

16-11　　　16-12

16-13　　　16-14

16-15　　　16-16

（特57）

16-1（305）	玉屏峰	4分	400万枚
16-2（306）	迎客松	4分	400万枚
16-3（307）	后海松石	4分	400万枚
16-4（308）	清凉台	4分	400万枚
16-5（309）	天都远眺	8分	600万枚
16-6（310）	剪刀峰	8分	600万枚
16-7（311）	万松林	8分	600万枚
16-8（312）	梦笔生花	8分	600万枚
16-9（313）	莲花峰	10分	300万枚
16-10（314）	西海云潮	10分	300万枚
16-11（315）	黄山古松	10分	300万枚
16-12（316）	东海观潮	10分	300万枚
16-13（317）	石笋峰	20分	250万枚
16-14（318）	石猴观海	22分	200万枚
16-15（319）	狮子林	30分	100万枚
16-16（320）	蓬莱三岛	50分	100万枚

邮票规格：（1～8图）31mm×52mm；（9～16图）52mm×31mm

齿孔度数：11.5度

整张枚数：50枚

版　别：影雕版

设计者：孙传哲

雕刻者：孔绍惠、唐霖坤、高品璋、孙鸿年

照片原作：陈勃、王君华、黄翔、鲍萧然、程默、邵柏林

印刷厂：北京邮票厂

全套面值：2.10元

知识百花园

我国黄山是世界级文化自然遗产，位于安徽省南部，跨歙、黔、太平、休宁

四县，方圆250千米，风景区面积约150多平方千米。山体为花岗岩，为青弋江上游源地。原名黟山。相传黄帝轩辕曾带丞相容成子和浮丘公在此开炉炼丹，最终得道乘龙升天而成仙。至今尚有轩辕、容成、浮公诸峰，以及炼丹、朱砂、上升、仙人、仙都、望仙等峰。唐天宝年间，道教盛行，玄宗李隆基便于天宝六年（747）依此故事，改名黄山，《黄山志》中云："黄山以黄帝得名。"

黄山，山高峰削，瀑泻流长，兼具泰山之雄伟，华山之峻峭，衡山之烟云，庐山之飞瀑，雁荡之怪石，峨眉之清凉，素以奇松、怪石、云海、温泉"四绝"而闻名于世，自古便被誉为"天下第一奇山"。李白有诗曰："黄山四千仞，三十二莲峰。丹崖夹石柱，菡萏金芙蓉。伊昔升绝顶，下窥天目松。"明代地理学家、旅行家徐霞客从黄山周游回来后，赞道："五岳归来不看山，黄山归来不看岳"，绝妙的评价了黄山在我国名山大川中的地位。黄山有72峰，大都峰、莲花峰和光明顶为三大主峰，海拔都在1800米以上。其他诸峰都环列四周，立地摩天，千姿百态。山上一年中约200天有云雾，云海浩瀚、奇特，忽而淡抹轻妆，忽而银涛滚动，使满山的奇峰更奇，怪石更怪。松林在怪石绝壁上依势生长，刚毅挺拔，造型奇绝，富于艺术魅力。山中的温泉四季恒温（42℃），富含矿物质，泉水无味无毒，可浴可饮。黄山是国内知名的天然植物园，漫山遍野，郁郁葱葱，生长着1500多种植物。因此，郭沫若说："深信黄山天下奇。"

新中国成立后，辟为黄山公园，铺设了登山公路，扩建了爬山蹬道，架设了缆车索道，并在许多主要景点陆续建起了宾馆、温泉浴室、游泳池、疗养院、观瀑楼、电影院、歌舞厅、商店等，形成了以黄山为中心的皖南旅游区，成为我国著名休养胜地。

为展示黄山奇观，邮电部发行了这套《黄山风景》特种邮票。16幅画面均为黄山中有代表性的景点，依据中国摄影家协会于1962年在北京举办的"黄山风景摄影展览"中的部分摄影作品而设计。

邮票解析

图16-1【玉屏峰】奇峰怪石，峭崖绝壁是黄山的风骨。这里的山峰，劈云摩天，云凝霄汉，气象万千；巧石星罗棋布，竞相崛起，惟妙惟肖，玉屏峰便是其中之一。顺着山路攀登，路过慈光阁、半山寺，经过"一线天"，穿越文殊洞，即可

到达玉屏楼所在的玉屏峰，其高耸入云，遮天蔽日，宛如一座玉石屏风。

图16-2【迎客松】黄山松，以其顽强的生命，奇异的姿态，而名冠于世。它们苍郁枝虬，刚毅挺拔，既能在平岗陡崖密布成阵，又能在奇峰峻岭"独树一枝"，昂然翘首。它们或立或卧，有俯有仰，或像人，或像兽，或枝杈四伸，或盘曲倒挂，真是百态千姿，引人入胜。邮票画面上即为生长在文殊院洞顶的一株寿逾千年的古松，其伸出的一枝，恰如招手迎接客人，由此得名"迎客松"。制成的迎客松铁画，挂在北京人民大会堂内，成为中国人民好客的象征。

图16-3【后海松石】后海即黄山的后边的风景。站在清凉台上观后海，可见峰峦叠嶂，奇峰怪石，云雾缭绕，满山松树，宛若仙境。邮票画面上即以碧空下的松林和山峰展现后海的美景，其中远处有巨石峭立峰顶，名为"观音峰"，在茫茫云海中显得格外悦目而宁静。

图16-4【清凉台】建在狮子峰腰部的一座三面临空的危岩上，**海拔1700多米**。其原名法台，为黄山九台之一。台侧山岩上有"天然图画""清凉世界"等题刻。台下有"扇子""破石"等古松。近处有"猴子观海""望仙台"等著名风景。游人登临，可凭栏尽览后海景色，并可瞭望东方日出，为黄山一绝佳景处。

图16-5【天都远眺】天都峰位于黄山东南部，海拔1810米，为黄山第二高峰。笔直陡峭，高耸入云，极为险要，《黄山图经》说："飞鸟难落脚，猿猴愁攀登"。后人凿开石路，装置石柱、铁链围栏，始可达峰顶。但远望登山山径，就像一架笔直的绳梯挂在悬崖上，约千米之距的登山石级，坡度都在70度以上，其中一段长约百米的"鲫鱼背"，光秃秃，两侧为万丈深渊，虽有护栏，但攀登至此，未免令人胆战心惊。然而峰顶却平如手掌，上有"登峰造极"石刻，并有一可容百人的天然石室，室外有石，如醉汉横卧，名"仙人把洞门"。邮票画面即远眺天都峰的景色，正是"任他五岳归来客，一见天都也叫奇"。

图16-6【剪刀峰】黄山重峦叠嶂，峰峰相连，72峰中包括36大峰，36小峰，参差错落，形态各异。剪刀峰便是以其峰巅状似剪刀而得名。此峰在天都峰西南侧，峰体孤峭挺拔，剪锋交错，剪尖刺天，为黄山怪石中的著名景观。

图16-7【万松林】黄山松，针叶短而稠密，姿态多而秀丽，它们不像一般松树那样直接生长在泥土中，而是依山势和风向而扎根在悬崖峭壁的岩缝里。它们历经千年风雨，坚强不屈，独立不移。邮票画面即为一片树冠平削，比比挺立的万松

林，它们植根于贡阳山与狮子峰之间的岩石间，洋溢着蓬勃生机。

图16-8【梦笔生花】位于散花坞中，堪称松石奇景，石峰突兀挺拔，圆锐如锥，亭亭玉立；峰顶有一松树蟠绕而上，直达峰尖，枝干扶疏，如花似锦；四周花木簇拥，秀色可餐。据《黄山志》载："北海散花坞左侧，有一孤立石峰，峰巅巧生奇松如花，故名'梦笔生花'"。其松名花松，其峰名笔峰，又名笔花峰。其后面是散花精舍，前面还有笔架峰、飞来钟、骆驼石、老翁钓鱼等景观，互相辉映，妙趣横生。每当春暖花开之际，散花坞里百花争艳，绿叶流碧，把梦笔生花这一奇景装点得更加壮观。正是"一枝梦笔对苍天，思绪盈腔涌笔峰"。"天然一管生花笔，写遍奇峰入画图"。现峰顶的那棵笔花松已枯死。

图16-9【莲花峰】海拔1873米，为黄山最高峰。它峻峭高耸，气魄雄伟。围绕主峰，有众多小峰环列，犹如盛开的莲花，故名。峰顶一丈见方，名为"石船"，由于其险，难以登临，据《黄山志》载，有吴龙翰、鲍云龙、宋复一三人，于宋咸淳四年（1268），历经艰难，费时三天，终于成为有文字可考的第一批登上峰顶者。现已修筑石级供游人攀登。

图16-10【西海云潮】黄山群峰的暖湿空气形成起伏的云雾，似云海。银浪滔滔，神奇缥缈，变幻莫测，给千山万壑蒙上了一层神秘色彩。邮票画面即是站在排云亭上所见到的西海云潮，白茫茫的云雾弥漫恰似无边大海的波涌浪翻。

图16-11【黄山古松】黄山世称有十大名松，邮票画面上这棵生长在始信峰巅的松树，便是其中之一。始信峰海拔1668米，在黄山东部，左有石笋峰，右有上升峰，三峰并立，成兄弟手足之势。峰顶有渡仙桥，桥畔有接引松，曾接引过历代许多文人雅士过桥来峰顶，抚琴赏景，故该峰又有"琴台"之称。据记载，明末清初名士江天一，曾在琴台独自弹琴，余音袅袅，经久不息，曾有"寒江子独坐"石刻。清朝一隐士名江丽田，亦曾在这里鼓琴作歌，台前有松名"聚音松"。

图16-12【东海观潮】夜雨初晴，云雾蒸腾。站在白鹅岭上观东海，白浪翻滚，云潮弥漫，整个山区如茫茫海面，只有一些山头露在云海线上，宛如海中小岛。随着天壁上逐渐显出的玫瑰色晨曦，朝阳即将升起，群峰将被染红，邮票画面即展现了这一时刻的壮观景色。

图16-13【石笋峰】黄山奇峰如林，目不暇接，危岩绝壁，各有千秋。邮票画面上的这片峰林，状似刚刚露出地面的鲜嫩竹笋，故名。其中，又有"仙人下

棋""十八罗汉"等景观。罗汉大小不一，高低不同，有的伫立，有的静坐，有的撑伞遮雨，有的曳杖登山，形态各异，有趣生动，展现了大自然的鬼斧神工，堪称黄山又一佳景。

图16-14图【石猴观海】石猴即为蹲踞在高山上的一块状似猴子的巨石，每当云雾状似大海汪洋，石猴神似远望，故称"石猴观海"。云雾散去后，群峰壁立，深壑为壑，石猴状如跳跃，又称"石猴过山"。天晴日朗，石猴前方太平宁静，一片平畴无际，别呈一番景象，则称"石猴观太平"。邮票画面上即为"石猴观海"之状。

图16-15图【狮子林】为一片昂然翘首的松林，因在狮子峰南侧而得名。狮子峰在黄山北部，状如卧地雄狮。狮首有丹霞峰，腰部有清凉台，狮尾有曙光亭。而狮子林即分布在雄狮张口之处。这里有明朝万历年修建的庙宇和黄山十大名松中的麒麟松、凤凰松，是游人必到之地。

图16-16【蓬莱三岛】蓬莱三岛为三座尖峭笔立、参差不齐的山峰，其峰极如削，无法攀登，云海苍茫，宛若仙境，由此得名。邮票画面即玉屏峰上的"蓬莱三岛"奇景。

黄山雪景

认识邮票中的名胜古迹

革命圣地——延安

发行日期：1964.7.1

6-1 6-2

6-3 6-4

6-5 6-6

(特65)

6-1（374）延安枣园	8分	500万枚
6-2（375）杨家岭中央大礼堂	8分	500万枚
6-3（376）毛主席在延安枣园的办公住处	8分	500万枚
6-4（377）王家坪大礼堂	8分	500万枚
6-5（378）陕甘宁边区参议会会场	8分	500万枚
6-6（379）延安宝塔山	52分	120万枚

邮票规格：40mm×30mm

齿孔度数：11×11.5度

版　别：影写版

设计者：刘硕仁

印刷厂：北京邮票厂

全套面值：0.92元

知识百花园

延安，是中国人民革命的摇篮。地处陕北高原的延河中游，海拔800至1300米，面积3556平方千米。三面环山，东、西、南分别为宝塔山、清凉山、凤凰山，北面是滚滚东去的延河水。位居陕北要冲，北通包头，南达西安，东连山西，西接宁夏、甘肃，形势极为险要，这座已有1500余年的历史古城，历来为兵家必争之地。1935年10月，中国工农红军历尽艰险，完成了举世闻名的二万五千里长征，胜利到达陕北。从1937年1月到1947年3月，中共中央在这里领导全党和全国人民取得了抗日战争和解放战争的伟大胜利，留下了毛泽东、周恩来、刘少奇、朱德、任弼时等中央领导同志的光辉足迹，现有革命旧址100多处和大量革命文物。

邮票解析

图6-1【延安枣园】位于延安市西北约10千米处，又称延园。1940年至1942年和1944年至1947年，它曾两次成为中共中央书记处的所在地。枣园内有中央小礼堂、作战研究室、机要办公室、休息室，山下有刘少奇、任弼时、彭德怀的旧居，山上有毛泽东、周恩来、朱德的旧居，下边沟道里的一些窑洞和平房，是中央社

部旧址。枣园风景优美，在这幽静的环境里，毛泽东写下了《为人民服务》《论联合政府》《抗日战争胜利后的时局和我们的方针》《关于重庆谈判》等著作。为筹备党的七大，在这里，朱德起草了《论解放区战场》、刘少奇起草了《关于修改党章的报告》等文献。中共中央在这里领导了抗日战争，发动了延安整风和大生产运动，是一处重要的革命圣地。现枣园已建为革命纪念馆，在此陈列有大量党中央在延安时期的珍贵资料和图片等。

图6-2【杨家岭中央大礼堂】位于延安市西北约3千米处的杨家岭村，是于1943年由中央直属机关干部和人民群众自己动手修建的。大礼堂坐落在杨家岭的山坡下，可容纳七八百人。山上有毛泽东、周恩来、朱德等中央领导人的旧居，还有中央办公厅和中央直属机关的旧址。1945年4月20日，中共中央扩大的六届七中全会就在这里召开，会上讨论并通过了《关于若干历史问题的决议》。4月23日至6月11日，中共七大在这里举行，大会期间，毛泽东曾在这座大礼堂的讲坛上发表了《两个中国之命运》《论联合政府》《愚公移山》的讲话，这次大会因成为动员群众，壮大人民力量，打败日本侵略者，解放全国人民，建立一个新民主主义的中国的大会，而载入史册。现在，中央大礼堂的内部陈设，依然保持着七大时的原状，以铭记党所走过的这一段光辉历程。

图6-3【毛主席在延安枣园的办公住处】毛泽东在延安的十多年间，曾先后在枣园、杨家岭和王家坪居住过，其中枣园的住所最大，为一字排开的5孔窑洞。中间的一孔窑洞，是他的办公处，洞前有一棵紫丁香，是毛泽东亲手所栽。洞内摆放着一张狭长的书桌和一把木椅，在这张简陋的木桌上，他写下了许多不朽的著作，其中包括1942年发表的《抗日战争的经济问题和财政问题》，1943年发表的《组织起来》，1945年发表的《论联合政府》等，为指导中国革命的成功发挥了巨大作用。从这孔窑洞往东，分别是他的会客室和卧室。院子中央有一棵枝繁叶茂的古槐，当年，每当毛泽东工作之余，就在这棵树下读报或休息，思考国家和民族的大事，给世人留下了难忘的回忆。

图6-4【王家坪大礼堂】位于延安市西北，1937年～1947年，王家坪村一直为中共中央革命军事委员会和八路军总部的所在地。分南、北两个院落。南院是政治部，北院是司令部。大礼堂坐落在南院。南院还有毛泽东、王稼祥等人的旧居。北院又分前院和后院。前院有军委会议室和彭德怀旧居，后院有朱德旧居。北面山坡

上的院子是参谋部和叶剑英旧居。1946年1月至1947年3月，毛泽东在王家坪写有《集中优势兵力，各个歼灭敌人》《迎接中国革命的新高潮》等重要著作，领导全国军民，消灭敌人的有生力量，发展壮大自己的力量，彻底粉碎蒋介石的全面进攻，把解放战争进行到底。

图6-5【陕甘宁边区参议会会场】1935年10月，中国工农红军长征到达陕北后，即着手建立了陕甘宁革命根据地。抗日战争爆发后，为建立抗日民族统一战线，根据国共两党协议，于1937年9月6日，中国共产党将陕甘宁革命根据地的苏维埃政府改为陕甘宁边区政府，辖陕西、甘肃、宁夏的23个县。边区及其首府延安，是中共中央、中央军委的所在地，是全国人民革命斗争的指导中心。在陕甘宁边区政府参议会大礼堂，曾多次召开会议，毛泽东发表了《国共合作后的迫切任务》。

图6-6【延安宝塔山】位于延安市延河东岸，土山上因建有一座9级44米高的八角形砖塔，故名。塔始建于明代，旁边有一口明末崇祯年间铸造的大铁钟。宝塔挺立于陕北高原，历经多年的风风雨雨，清代曾多次进行维护修葺，因此其外貌多具清代风格。1937年7月，党中央进驻延安后，这巍然屹立的宝塔，便成为中国革命圣地的象征。成千上万的爱国青年，在那国难当头的岁月里，历经千山万水，不顾国民党反动派的迫害阻挠，从全国各地纷纷奔赴延安，寻求救国救民的真理。宝塔山下的延河水，清澈如镜，缓缓流淌，它出自山东南侧靖边县高崾山，流经安塞、延安后折向东，到延安县凉水崖入黄河。横跨延河上的3孔空腹式石拱桥，长达115.52米，为新中国成立所新建。

延安宝塔山

革命摇篮——井冈山

发行日期：1965.7.1

（特73）

8-1（419）茨坪	4分	300万枚	
8-2（420）三湾村	8分	500万枚	
8-3（421）茅坪八角楼	8分	500万枚	
8-4（422）砻市	8分	500万枚	
8-5（423）大井村	8分	500万枚	
8-6（424）龙源口	10分	250万枚	
8-7（425）黄洋界	10分	250万枚	
8-8（426）井冈山主峰	52分	130万枚	

邮票规格：40mm×30mm

齿孔度数：11×11.5度

整张枚数：50枚

版　别：影写版

设计者：吴建坤

印刷厂：北京邮票厂

全套面值：1.08元

知识百花园

　　井冈山位于罗霄山脉中段，包括江西省的莲花、永新、宁冈、遂川和湖南省的茶陵县等，绵延400多千米。1928年4月，朱德、陈毅率南昌起义部队，与毛泽东会师于井冈山宁冈砻市。同年12月，彭德怀、黄公略和滕代远率领红五军，从湘鄂赣根据地转战到井冈山，使井冈山的革命力量空前壮大，在红色区域内，进行了土地改革，从而得到广大贫下中农的支持，粉碎了敌人的多次"进剿"和"会剿"，成立了湘赣边界工农兵政府，使井冈山革命根据地的发展进入全盛时期。井冈山的星星之火，已成燎原之势，它的斗争为中国革命开辟了一条以农村包围城市，最后夺取城市的正确道路，它的光辉业绩将永载人民革命斗争史册。为此，在中国共产党成立44周年之际，邮电部发行了这套《革命摇篮——井冈山》特种邮票。

邮票解析

　　图8-1【茨坪】位于井冈山区的中心，四面环山，中间是盆地，其山路可直通黄洋界、桐木岭、八面山、朱砂冲、双马石等五大哨口和大小五井，有20多户人家。井冈山根据地建立后，成为革命根据地的政治中心，毛泽东、朱德、彭德怀、陈毅都曾住过这里。湘赣边界工农兵政府、红四军军部等重要机关均设在此地。毛泽东在这里写了《井冈山的斗争》一文，指导了革命根据地的扩大和发展。新中国成立后，1953年和1959年在茨坪分别建立了井冈山革命烈士纪念碑和井冈山革命博物馆，以缅怀革命先烈和教育后人。邮票画面即为群山环绕的茨坪村。

　　图8-2【三湾村】1927年9月9日，毛泽东以中共湖南省委前敌委员会书记的身

份），发动和领导了湘赣边界秋收起义。由于敌人的反扑，起义军在战斗中相继受挫。19日晚，毛泽东在浏阳文家市召开前委会议，分析敌我形势，决定沿罗霄山脉南移，到反动势力比较薄弱的山区农村寻找立足点。29日，部队到达江西永新县的三湾村，进行了有名的"三湾改编"。将不足1000人的队伍，由一个师缩编为一个团；建立各级党的组织，加强党对军队的领导；在连以上建立各级士兵委员会，实行民主制度和官兵平等原则，废除旧军队压迫士兵的各种制度。这次整编，不仅挽救了这支处在危亡关头的起义部队，而且，从政治上、组织上奠定了建设新型人民军队的基础。改编后，10月3日，工农革命军进驻宁冈县古城，毛泽东主持召开了有地方党委负责人参加的前委扩大会议，总结了秋收起义的经验教训。从此，部队进入井冈山地区，开展游击战争，开始创建第一个农村革命根据地，点燃了井冈山革命根据地的星星之火。邮票画面即为三湾村，就在那棵大树下，毛泽东曾为起义部队的改编做过动员讲话。

图8-3【茅坪八角楼】茅坪是宁冈县（现井冈山市）的一个村，八角楼是茅坪的一座两层楼式建筑，因楼上开一八角形天窗，故名。三湾改编后，毛泽东即率领部队来到茅坪，住在八角楼。1928年，中共湘赣边界第一次代表大会在这里召开，会上，毛泽东向到会的60多位代表作报告，回答了"红旗到底能打多久"的问题。大会讨论并制订了发展党的组织、深入土地革命、扩大武装和巩固革命根据地的政策，选举了以毛泽东为书记的中共湘赣边界特委会。这次会议有力地促进了井冈山革命根据地的发展。同年10月，中共湘赣边界第二次代表大会仍在茅坪召开，大会通过了由毛泽东起草的《政治问题和边界党的任务》决议，这个决议总结了井冈山斗争和各地建立红色政权的经验，论证了中国红色政权发生发展的原因、条件，提出了"工农武装割据"的光辉思想。邮票画面即为那座砖瓦结构八角楼，毛泽东在这里写出了不巧著作《中国的红色政权为什么能够存在？》扫清了人们的彷徨和犹豫，统一了认识。

图8-4【砻市】砻市是宁冈县（现井冈山市）的一个小镇，在茅坪西北约13千米处。1928年4月，朱德、陈毅率南昌起义余部2000多人和湘南农军七八千人向井冈山根据地靠拢，毛泽东等率领工农革命军两个团分头去接应。两支起义军于4月下旬在宁冈砻市胜利会师。5月4日，在砻市召开会师庆祝大会，宣布成立工农革命军第四军（随后改为红军第四军），朱德任军长，毛泽东任党代表兼军委书记。下

辖两个师，一个教导大队，陈毅任教导大队长，人数1万多人。井冈山会师和红四军的成立，扩大了革命武装力量，鼓舞了军民革命斗志，进一步巩固和加强了革命根据地。邮票画面即为碧水青山的砻市。

图8-5【大井村】位于井冈山的中心茨坪西北5千米处，四面环山，田园如画，它与井冈山的上井、下井、中井、小井一起，并称为井冈五井，是这一带比较富裕的地方。1927年10月24日，毛泽东率领秋收起义部队来到井冈山区，最先就是住在这里。

邮票画面上的房屋共44间，毛泽东住一小间，只放一张单人床，一张小桌和一条板凳，其余的为红军医院诊疗室和红军战士住房。这处旧居，1929年曾被国民党反动派烧掉，仅剩断壁残垣。同年1月，第三次反"围剿"过程中，离此不远的小井村，有100多名红军重伤员惨遭杀害。1960年，大井村毛泽东旧居和小井村的红军医院，按原貌修复，在小井村的红军战士殉难处，竖起了红军烈士纪念碑。

图8-6【龙源口】位于江西永新县城25千米的翻溪乡，在七溪岭的山脚下，是井冈山的门户之一。湘赣两省敌军多次来围攻"进剿"，少则几个团，多则近20个团，红军在毛泽东、朱德指挥下，依靠人民群众的支持和地方农军的配合，采取了"敌进我退，敌驻我扰，敌疲我打，敌退我追"灵活机动的游击战术，以不足4个团的兵力屡次战胜敌人。1928年6月23日，红四军在龙源口打败江西"两只羊"（国民党杨如轩、杨池生两个师5个团），取得了威震敌胆的龙源口大捷后，在宁冈、永新、莲花三个全县，吉安、安新各一小部，遂川北部，鄱县东南部逐步建立了各级红色政权，使湘赣边界革命根据地得到很大发展。邮票画面即为位于七溪岭下的龙源口桥，它是一座弧形单孔石桥，建于清道光十七年（1837）。现桥旁立有朱德题字："龙源口大捷纪念碑"。

图8-7【黄洋界】距茨坪17千米，是井冈山北部的一大哨口，为江西宁冈和湖南炎陵县通向井冈山的要隘。其山陡路险，易守难攻，除在海拔1558米的制高点上设有瞭望哨外，还分别在通向湖南和江西的要冲设有哨口和防御工事，以防敌人进犯。1928年8月，中共湖南省委要求红四军"冒进湘南"，并趁毛泽东远在永新之际，鼓动部队向湘南前进，结果不仅造成部队在郴州的失败，而且使边界各县的平原区域也相继被敌人侵占，这就是"八月失败"。8月30日，敌湘赣两军各一部企图抢占黄洋界哨口，我守山部队在不足一个营兵力的情况下，依靠群众，凭借天

险，顽强固守，用仅有的 一发炮弹，击中敌群，使敌人败逃。这就是著名的黄洋界保卫战，毛泽东为此赋词一首《西江月·井冈山》，高度赞扬这次以少胜多的伟大胜利，现该词已镌刻在1977年10月为纪念此战役而竖立在这里的"黄洋界保卫战胜利纪念碑"上。邮票画面即为黄洋界的莽莽群山。

　　图8-8【井冈山主峰】位于江西省西南部罗霄山脉中段与湖南省交界的井冈山，山势逶迤，重峦叠嶂，是有名的风景区。它有飞泻如练的小井瀑布，五大哨的险峻风光，奇特幽深、玲珑剔透的石燕洞，五指并插云天的五指峰等。从中心茨坪往西是海拔约1800米的井冈山主峰，那里的每条小路，都留下了革命者的足迹。邮票画面即展示了巍然屹立的山巅。

井冈山主峰

伟大的领袖和导师毛泽东主席纪念堂

发行日期：1977.9.9

2-1

2-2

(J22)

2-1伟大的领袖和导师毛主席纪念堂	8分	1500万枚
2-2华国锋题字	8分	1500万枚

邮票规格：60mm×30mm

齿孔度数：11.5×11度

整张枚数：30枚

版　　别：影写版
设计者：卢天骄
印刷厂：北京邮票厂
全套面值：0.16元

知识百花园

　　中共中央、人大常委会、国务院和中央军委在粉碎"四人帮"的两天之后，即1976年10月8日，便做出了《关于建立毛泽东主席纪念堂的决定》，并于11月24日正式动工，于毛泽东逝世1周年的1977年9月9日建成，以供世人缅怀和瞻仰。

邮票解析

　　图2-1【伟大的领袖和导师毛主席纪念堂】位于北京天安门广场南端，高33.6米，建筑面积2万多平方米。大门正上方镶嵌着"毛主席纪念堂"汉白玉金字匾，枣红色花岗石砌成的高大基座上，屹立着44根花岗石廊柱，高高擎起金色琉璃重檐屋顶，是一座具有我国民族风格的正方形宏伟大厦。内部结构由北大厅、瞻仰大厅和南大厅组成。其中北大厅是在瞻仰前举行悼念活动的场所，大厅中央有一尊高3米多用汉白玉雕塑的毛泽东坐像，背后墙上，悬挂着一幅描绘祖国河山的巨型绒绣。瞻仰大厅是纪念堂的主体部分，大厅正面白色大理石墙壁上镶嵌一行金字，上书"伟大的领袖和导师毛泽东主席永垂不朽"。厅中央烂漫的山花丛中安放着水晶棺，毛泽东的遗体上覆盖着中国共产党党旗。南大厅的汉白玉墙上，镌刻着毛泽东词《满江红·和郭沫若同志》的金字手迹。东西两侧是休息厅。纪念堂南北两侧各有两组栩栩如生的大型群雕，记载着毛泽东半个多世纪里领导中国人民前仆后继，从胜利走向胜利的丰功伟绩。邮票画面即为纪念堂的外观，四周栽种着来自全国各地的花草树木，使纪念堂常年处于万绿丛中，整个建筑气势宏伟，庄严肃穆。

　　图2-2【华国锋题字】邮票画面即为华国锋题写在毛主席纪念堂正门汉白玉匾额上的手迹。下边还印有一行小字"英明领袖华主席为毛主席纪念堂的亲笔题字"。

革命纪念地——韶山

发行日期：1976.12.26

（T11）

4-1韶山毛主席旧居	4分	1000万枚
4-2韶山农民夜校旧址	8分	1000万枚
4-3韶山农民协会旧址	8分	500万枚
4-4韶山火车站	10分	200万枚

认识邮票中的名胜古迹

邮票规格：60mm×30mm

齿孔度数：11×11.5度

整张枚数：30枚

版　别：影写版

设计者：许彦博

印刷厂：北京邮票厂

全套面值：0.30元

知识百花园

韶山在湖南省湘潭、湘乡、宁乡三县交界处，因一代伟人毛泽东诞生在这里而闻名于世。相传远古时代虞舜南巡时曾经过此处，见山势磅礴，峰峦耸峙，松柏葱茏，风景秀丽而停留歇息，演奏韶乐，因而得名。又据《长沙府志》载，有韶氏三女，居山学道，忽凤凰衔天书至，女皆仙去。现留有凤音亭、东台、桃花洞等古迹。山麓有毛泽东同志旧居。

"文化大革命"期间，"红卫兵"运动兴起，"大串联"席卷全国，人们怀着"无限崇拜""无限敬仰"的心情，汇涌而至。为此，于1967年修建了韶山铁路。1968年，又按照毛泽东在1925年领导农民运动时的湘潭西二区所辖范围建立了韶山区，直属湖南省政府领导。为纪念毛泽东83周年诞辰，邮电部发行了这套《韶山》特种邮票。

邮票解析

图4-1【韶山毛主席旧居】1893年12月26日，毛泽东诞生在湘潭县韶山冲上屋场。邮票画面的故居，为一明二次二梢间的土木结构，泥砖青瓦房屋，左、右辅以厢房，进深两间，后有天井、杂屋，坐落在苍松翠竹之间，为南方常见的农家房舍形制。毛泽东8岁时，父亲便把他送进学堂。1910年秋天，他到外地求学。1925年至1927年，曾回乡开展农民工作，建立了中共韶山支部。并在这所房子里，召开农运干部和农民座谈会，对湖南农民运动进行考察。1929年毛泽东故居被国民政府破

坏。1950年按原貌修复。当年毛泽东诞生的房间、书房及其父母住室中，陈列有部分原物和照片。故居附近有毛泽东少年时代劳动的田地、禾场和游泳的池塘。1964年，新建了韶山毛泽东同志旧居陈列馆，展出毛泽东从事革命活动的大量文物、图片等资料。

图4-2【韶山农民夜校旧址】创办农民夜校，是革命初期毛泽东同志发动农民、教育农民、组织农民、唤起农民觉醒，进而投身到革命中来的重要手段。1925年，毛泽东从上海回到故乡，就是用这种办法，使农民懂得革命道理，很快便在韶山地区20多个乡建立了秘密的农民协会和公开的群众性革命组织"雪耻会"。在这个过程中，毛泽东的夫人杨开慧同志积极工作，密切配合，认真给农民讲课，为实践毛泽东同志的理论发挥了重要作用。邮票画面即是1925年毛泽东创办的农民夜校旧址。

图4-3【韶山农民协会旧址】中国共产党内以陈独秀为代表的右倾机会主义者被国民党的反动潮流所吓倒，不敢支持已经起来或正在起来的农民革命斗争，宁肯迁就国民党，不惜抛弃农民这个最主要的同盟军。毛泽东1927年回到韶山，从1月4日至2月5日历时32天，实地考察了湘潭、湘乡、衡山、醴陵、长沙等5个县的农民运动情况。于当年3月，写下了不朽的《湖南农民运动考察报告》，他说："目前农民运动的兴起是一个极大的问题。在很短的时间内，将有几万万农民从中国中部、南部和北部各省起来，其势如暴风骤雨，迅猛异常，无论什么大的力量都将压抑不住。他们将冲决一切束缚他们的罗网，朝着解放的路上迅跑。"从而用事实回答了当时社会各方对农民运动的责难，满腔热忱地支持和赞扬这场风起云涌的农民运动。农民协会便是农运的可靠组织和机构，在斗争中发挥了极其重要的作用。邮票画面即为这一时期毛泽东回乡考察农民运动时建立的农民协会旧址。毛泽东说："在湖南农民全数中，差不多组织了一半"，而包括湘潭在内的周围43个县"差不多全体农民都集合在农会的组织中，都在农会领导之下"。

图4-4【韶山火车站】为方便人们前往韶山瞻仰毛主席故居，长沙至韶山的铁路于1967年1月下旬动工修建，同年12月26日正式建成通车。邮票画面即为韶山火车站外景。"文化大革命"中，韶山作为中国最重要的革命圣地之一，为亿万"红卫兵"等所向往，人们以能亲临为荣。站台上，一队队举着红旗的队伍，便是来自全国各地的革命群众。

万里长城

发行日期：1979.6.25

（T38）

4-1长城之春	8分	1500万枚
4-2长城之夏	8分	1500万枚
4-3长城之秋	8分	1500万枚
4-4长城之冬	60分	150万枚

（T38M）万里长城小型张

小型张	万里长城·山海关	2元	20万枚

邮票规格：40mm×30mm

小型张规格：140mm×78mm，其中邮票尺寸：40mm×30mm

齿孔度数：11×11.5度

整张枚数：50枚

版　　别：影写版

设计者：万维生

印刷厂：北京邮票厂

全套面值：0.84元

小型张面值：2.00元

知识百花园

长城是世界建筑史上的奇迹，是中华民族的骄傲。公元前5世纪～公元前4世纪的春秋战国时代，中国北方诸侯割据，互相征战杀伐，北方的匈奴、东胡等少数民族也不断趁机骚扰。燕、赵、秦三国为防内忧外患，首先在形势险要之处，修筑起高大的城墙，这就是长城的起源。秦始皇统一六国后，为巩固封建政权，于公元前215年派大将蒙恬率30万大军打败匈奴，然后下令把北方诸侯国修筑的各段城墙连接起来，并加以补筑和修整。补筑的部分超过原来三段长城的总和。秦长城西起甘肃临洮，北傍阴山山脉，东到辽宁东部，纵横绵延5000多千米，历史上称为万里长城。此后汉、北魏、北齐、北周、隋等各代，都先后在与北方游牧民族接境地带进行了修整和延伸。到了明代，因北方蒙古各部经常纵兵骚扰中原地区以及东北女真族的崛起，先后修筑长城18次，大规模的修整就有3次，将过去的土筑城墙部分改为砖石结构，强化了工程质量。到1500年前后，明长城全部修完，西起甘肃省的嘉峪关，东到河北省山海关，经过宁夏、陕西、内蒙古、山西等省，在崇山峻岭上曲折盘旋，起伏绵延6300多千米，成为我国北方一道气势雄伟的人工屏障。我国劳动人民克服了千难万险，巧妙利用自然地势，有些地段每隔130米，便修造一座敌楼，作为监视哨所，并在险要处设置烽火台，一旦发现敌情，便立即发出警报。据测算，如果把修筑长城的砖石，用来改筑成高2.5米、宽1.0米的围墙，可绕地球一圈还多。长城至清代已逐渐失去其防御的作用。由于年深月久，风雨剥蚀，人为破坏，而日渐荒废。新中国成立后，国家重视对长城的保护，筹集资金，组织人力，分期补复了多段城墙、城楼和城台，使部分城垣焕发了新颜。

这套《万里长城》特种邮票，画面取材于八达岭一带长城的雄伟风貌。八达岭位于北京延庆区，是长城的隘口之一。关城建于明弘治十八年（1505），嘉靖、万历年间曾修葺。关城为东窄西宽的梯形，有东、西二门，东门额题"居庸外镇"，刻于嘉靖十八年；西门额题"北门锁钥"，刻于万历十年。两门都是砖石结构，券洞上为平台，平台南北各开一个豁口，连接关城城墙，台上四周砌砖垛口，京张公路从城门中通过，为通往北京之咽喉。从北门锁钥城楼左右两侧，延伸出高低起伏、曲折连绵的万里长城。八达岭附近地势复杂，长城则依环境而建，高低宽窄不一，陡峭之处墙身就低一些，平坦的地方墙身就高一些。墙的外部在条石台基上，用大块墙砖筑砌，内部填满碎石或用黄土夯实，墙身顶部地面铺方砖。内侧为宇墙，外侧为垛墙。垛墙上方有垛口，下方有射眼，以便瞭望和射击。在山脊的高处、城墙的转角或险要处，均筑有堡垒式城台，高大的称空心敌台，多建于要冲处，为上下两层，上层顶为平台，供瞭望；下层为空屋，可驻兵或贮存粮草武器。

低矮的称附墙台，多建于平缓处，骑墙而筑或凸出墙外，其高度与城墙相等，吉四周也有垛口和射眼，是古代战争中攻守兼备的理想工事。八达岭长城为整个长城的代表建筑，是北京重要的旅游景点。

邮票解析

图4-1【长城之春】邮票画面为八达岭的春天景色。盛开的桃花一片粉红，古老的长城从严冬中苏醒。

图4-2【长城之夏】邮票画面描绘了八达岭的夏日。茂密的树木郁郁葱葱，古老的长城恰似一条游龙，夏日里，它浮游于翠浪碧波之上，何等活泼、有力而生动。

图4-3【长城之秋】邮票画面为八达岭的秋天，枫叶已经深红的景色。

图4-4【长城之冬】邮票画面为八达岭的冬天。皑皑白雪，银装素裹的景色。

小型张【万里长城·山海关】画面为蜿蜒万里的长城雄姿。

山海关位于河北秦皇岛市东北15千米的山海关区。据《临渝县志》记载，明洪武十四年（1381），大将徐达在此筑城，建关设卫。它北依燕山，南临渤海，置关于山海之间，因而得名。其地势险要，扼关里、关外之咽喉，为东北、华北之要冲，历来是兵家必争之地，有"两京（北京、沈阳）锁钥无双地，万里长城第一关"之称。明长城从山海关南面海滨的老龙头，经山海关蜿蜒越群山之巅而向北延伸。山海关城东依长城，辟四门，东曰"镇东"，即"天下第一关"；西曰"迎恩"；南曰"望洋"；北曰"威远"。各门上都筑城楼，城中心筑钟鼓楼，城外绕以护城河。关周围有军事设施和建筑物，在东门外筑有瓮城，外绕以东罗城。南面老龙头筑有周长500米的宁海城，内有澄海楼，稍北有南翼城，山海关与长城衔接处城上有奎光阁，东罗城有牧营楼，北面城墙上有临闾楼、威远堂，关北有北翼城，关东外一千米的欢喜岭上矗立着威远城。关城周围烽火墩台星罗棋布，彼此呼应。主体两翼建筑在军事上互为犄角，前防后卫，布局合理，主次分明，建筑造型美观，具有民族风格。山海关与附近的南海口关、南水关、北水关、旱门关、角山关、三道关、寺儿峪关以及城堡、墩台相配合，构成一个坚固的军事防御体系，成为我国历史上重要的军事重镇。如今古代建筑多已无存，城墙部分尚完整。小型张内图上是山海关东城门"天下第一关"的外景。其门楼建在一座12米高的长方形城台上，据《临渝县志》载："东门建楼，高三丈，凡二层，上广五丈，下广六丈，深各半之。"根据实测，城楼高12.7米，东西宽10.1米，南北长19.7米。楼分两层，面阔三间，第一层高5.7米，第二层高8米，建筑面积为198平方米（底层）。楼内外檐桁枋心，均饰以明代彩绘。城楼建筑形式，上为重檐歇山顶，顶脊双吻对称，下为砖木结构。四角飞檐上饰以形态各异的鸟兽，造型美观，栩栩如生。城楼下层中间面西辟门，上层三间均安装隔扇门。上下两层楼的北、东、南三面共开设68个箭窗，供作战时射击之用。在城楼上层西面檐下，悬有"天下第一关"的巨幅匾额。匾长5.9米，字高1.6米，"一"字长1.09米。此匾系明成化八年（1472），由当地进士萧显所书，其字体为行楷，雄劲浑厚，苍健有力。原匾现藏于城楼内，外悬者为复制品。城楼雄踞关上，登临其上，北望长城，南眺渤海，胸襟壮阔，城楼东西向，东为关外，西为关内，南北连接长城。城楼下即是山海关城的券门，券门内原设巨大的城门，可以启闭，以控制关内外的通行。新中国成立后，国家几经拨款，进行了重点维修，使之面貌一新，吸引着成千上万的国内外游客。

　　嘉峪关位于甘肃省酒泉市境内，是明代万里长城西端的终点。始建于明洪武五年（1372）。因城建在嘉峪山麓，故而得名。其南面是白雪皑皑的祁连山，北面为茫茫的戈壁滩，关前有九眼泉，不涸不竭，清澄如镜，古称"峪泉活水"，为肃州胜景。关城形势险要，自古为军事要地。其平面为梯形，西城墙外侧又加筑了一道厚墙，使防御更为坚固。城墙高11.7米，总长733.3米，关城面积33500多平方米。南北城墙外侧尚有低矮土墙与其平行，构成罗城；东城墙外侧又以土墙围成一个广场。关城有东西二门，东为光化门，西为柔远门，上面均有城楼，面阔三间，周围有廊，为三层歇山顶，高17米，结构精巧，气势雄伟。柔远门外的罗城，原来也有一个三层的关楼，上悬"天下第一雄关"的匾额。此门已于新中国成立前被毁。在东西两门的北侧，均有宽阔的马道直达城顶。关城四隅有角楼，高两层，形如碉堡。南北城墙的正中有敌楼，三开间，带前廊。罗城西面南北两端也建有角楼。关城正中有一官井，旧有亭，今已废。西面城垣凸出，中间开门，门额刻"嘉峪关"三字。

台湾风光

发行日期：1979.10.20

（T42）

6-1玉山	8分	1500万枚
6-2日月潭	8分	1500万枚
6-3赤崁楼	8分	1500万枚
6-4苏花沿海公路	8分	1500万枚
6-5天祥大瀑布	55分	150万枚
6-6半屏山月夜	60分	150万枚

邮票规格：40mm×30mm

齿孔度数：11×11.5度

整张枚数：50枚

版　别：影写版

设计者：孙传哲

印刷厂：北京邮票厂

全套面值：1.47元

知识百花园

　　美丽的宝岛台湾，位于距离祖国大陆东南100多千米的海面上，西隔台湾海峡，与福建省相望，东临太平洋，岛屿海岸线总长约1566千米。全省包括台湾岛、赤尾屿、彭佳屿、兰屿、绿岛等岛屿，面积约3.6万平方千米。台湾其他主岛面积35774.6平方千米，是我国最大的岛屿。居民以汉族为主，约占台湾人口总量的97%，其他少数民族有高山族等。全省地跨北回归线，受台湾暖流的影响，属亚热带至热带湿润季风气候，夏长无冬，雨多风强，年平均气温20℃～25℃，年平均降水量2000毫米左右，南北两端的多雨中心可达5000毫米以上。每年6～10月间台风过境频繁，常常造成灾害。台湾有耕地1300多万亩。耕作制为二年五熟或一年三熟，主产稻米、甘蔗、红茶、乌龙茶，以及香蕉、菠萝、柑橘、荔枝、龙眼、木瓜、枇杷、杧果、橄榄等水果。森林覆盖全岛面积的55%，树种繁多，经济树木以樟树最著名。还有柠檬胺、肉豆蔻、金鸡纳等药用植物和芳香油料作物金芳草。台湾海产丰富，鱼类产量多，基隆、高雄、苏澳为重要渔港。全岛已知矿产以煤最丰富，还有石油、天然气、硫黄、金等矿产。主要工业部门有化纤、制糖、电子、塑胶、电力、水泥、拆船、食品及半成品加工等。台湾水利资源丰富，浊水溪、下淡水溪、日月潭、蛟龙瀑布、乌来瀑布等均为岛内著名水流。交通发达，除高山地区外，铁路、公路遍布全省。铁路主干线北起基隆，南至高雄，横贯台北、台中、台南等大城市。公路全长1.7万多千米。环岛公路与东西、北部、南部三条横贯公路为主要干线。航空及远洋航运也相当发达。海运以高雄、基隆、花莲为中心。

　　台湾自古以来就是中国的领土，古称夷洲。秦汉以后，与大陆间交往频见于史传。南宋时澎湖隶属福建省晋江市。1292年～1294年，元朝在澎湖设巡检司，管辖澎湖、台湾民政，隶属福建省泉州同安市（今厦门）。明天启四年（1624）和六年（1626），荷兰和西班牙殖民者分别入侵台湾。民族英雄郑成功在明朝永历十二年由桂王封为郡王，1661年他率领将士驱逐侵略者，收复了台湾。1684年清置台湾府，属福建省。光绪十一年（1885）改建台湾省。1895年被日本侵占，1945年抗日战争胜利后归还中国。新中国成立前夕，被国民党盘踞至今。1978年，我国政府向台湾当局提出了通邮、通航、通商的"三通"建议后，为促进海峡两岸人民的交往，《人民日报》自1978年开始，以"祖国的宝岛——台湾"为刊头，陆续刊登有关台湾的消息和介绍台湾的风光。1979年元旦，叶剑英元帅发表了意义深远的《告台湾同胞书》。2月4日，《人民日报》又在第六版上，以整版的篇幅，刊出了10幅台湾风光的彩色照片，引起了国内外的普遍关注。邮电部发行的这套《台湾风光》特种邮票，展现了宝岛台湾的美丽风光。

邮票解析

图6-1【玉山】在台湾地区中部，位于嘉义、南投、高雄三县交界处。主峰为3997米，是全岛的最高峰，也是我国东部第一高峰。虽然地处北回归线内，因山势陡峻，峰顶积雪终年不化，远看晶莹如玉，因此得名。并以"玉山积雪"之名，与双潭秋月、阿里山云海、清水断崖、大屯春色、鲁谷幽峡、安平夕照、澎湖渔火，合称"台湾八景"。玉山群峰西接阿里山，东与大水窟山、秀姑峦山相望，气势磅礴，为海岛一大名胜。阿里山在嘉义县的东北，是大武峦山、尖山、祝山、塔山等18座山的总称。主峰海拔2905米。玉山和阿里山区构成了台湾中央山脉的屋脊，台湾许多河流都从这里发源。这里林涛阵阵，古木参天，是台湾著名的天然森林产地。有高大的椰子树、桉树、槟榔树，枝叶繁茂的合欢树、相思树、大榕树，笔直粗壮的红桧、扁柏、铁杉、台湾杉、五针松等，汇成了一片绿色的海洋。阿里山风景以大塔山断崖、塔山云海和祝山观日出等最为有名；三代木、姊妹潭、慈云寺、高山博物馆等也各有特色。这里气候温润，林木葱茏，游人不断，驰名中外。邮票画面描绘了地处热带的玉山积雪奇观以及阿里山的森林和云海，反映了台湾高山地带的特点。

图6-2【日月潭】位于南投县中央，面积为7.3平方千米，是玉山和阿里山之间的断裂盆地积水而成，为台湾最大的天然湖。潭中有个小岛，高十多米，在潭心

像颗珍珠盛在玉盘中，原叫潭珠屿或珠了屿。1931年，下游山麓修建水电工程，先后建成大观、钜工两大发电所。湖水增高21米，使这个小岛面积缩小，改称光华岛。游人可泛舟岛畔，登临驻足，观赏环湖佳景。在岛的北面，湖的形状是圆的，像个太阳，称日潭；岛的南面，湖的形状像弯月，称月潭，日月潭由此得名。潭的四周，群峰环抱，树木葱郁，湖水晶莹，碧波粼粼。晨昏晴雨，变幻无穷；春夏秋冬，各有奇观。潭东水社大山高达2056米，朝霞暮霭，明月清晖，时而烟雨迷蒙，湖山隐约，风光无限，环境幽静，为旅游及避暑胜地。潭的四周尚有涵碧楼，慈恩塔，文武庙，孔雀园等，还有在抗日战争期间被日本侵略者从南京天禧寺劫走的部分玄奘遗骨，于1966年从日本取回后，初存狮头山开善寺，继移日月潭玄光寺，后存玄奘寺，为如此佳妙的湖光山色又添一胜。日月潭东畔是高山族同胞聚集之处，土风歌舞至今尤盛不衰。邮票画面即描绘了日月潭的美妙景色。

图6-3【赤崁楼】位于台南市北。1652年，郭怀一领导的大规模反荷起义被镇压后，荷兰侵略者为加强对台湾的控制，在这里修建了普罗文萨堡为他们的官署。当时，也称"红毛楼"。1661年3月1日，郑成功率领两万五千将士乘船从厦门出发，于5月攻克了荷兰殖民主义者的老巢赤崁楼，荷兰人退守热兰遮城。郑成功率军围城7个月，毙敌1600多人，终于使荷军守将揆一率众无条件投降。1662年2月1日，荷兰侵略者被赶出台湾，从而结束了荷兰对台湾长达38年的殖民统治。此后，赤崁楼为郑成功官邸，改名承天府。原建筑于清同治元年（1862）被地震所毁。清光绪五年（1879）在遗址上分建文昌阁和海神庙。1921年改为历史陈列馆。台湾收复后，仍合称为赤崁楼。现在这座具有典型民族风格的双层楼宇中，存有许多历代碑石及舆图等，为台湾重要的古迹之一。邮票画面即为这座建筑物。

图6-4【苏花沿海公路】公路在台湾东北部沿海，自苏澳至花莲，全长110多千米，公路修在山崖之上，惊险异常。途经清水断崖，高达700米，为世界第二大断崖。公路蜿蜒盘旋于断崖之上，长约21千米，崖上是峭壁接天连云，崖下是太平洋一望无际，车行其上，司机稍有疏忽或是车况发生问题，都有跌入太平洋之危险。邮票画面即为穿山凿洞于断崖峭壁上的一段公路。

图6-5【天祥大瀑布】位于台湾中部横贯公路东段的风景区。这一带空气湿润，雨量充沛，年降水量平均在2000毫米以上，最高可达8000毫米，而且又多高山狭谷，因而形成许多瀑布，天祥大瀑布便是其中最为壮观的一个。取名天祥，是为

纪念宋末抗元英雄文天祥，其义无反顾的精神，如大瀑布一样，一泻千里。邮票画面即描绘了天祥大瀑布从天而降，飞泻直下的情景。

图6-6【半屏山月夜】在海峡两岸，各有一座半屏山，且形状也极为相似。台湾半屏山在高雄市区北部，左营以东。为一单斜孤峰，呈东北西南走向，长约3千米，宽约1千米，海拔223米，周围没有其他山冈毗邻。犹如一座美丽的屏风，景色至为动人。大陆半屏山在福建沿海，耸立在万顷波涛之中，似一把打开的折扇，更像秀丽的屏风。自古以来，此半屏山为当地渔船避风的最佳停泊处。从地质学的观点来看，大陆与台湾在远古时代本为一体，至今，这两座半屏山依然成为两岸人民唇齿相依的象征。邮票画面即月夜下的台湾半屏山景色。每当八月中秋，青年男女来到山前的春秋阁，饮酒赏月，抚瑟唱歌，大意是："半屏山啊，半屏山，一半在大陆，一半在台湾，山连着水，水连着山，骨肉同胞血肉相连。"充分表达了中华儿女的共同心愿。

天祥风景区

桂林山水

发行日期：1980.8.30

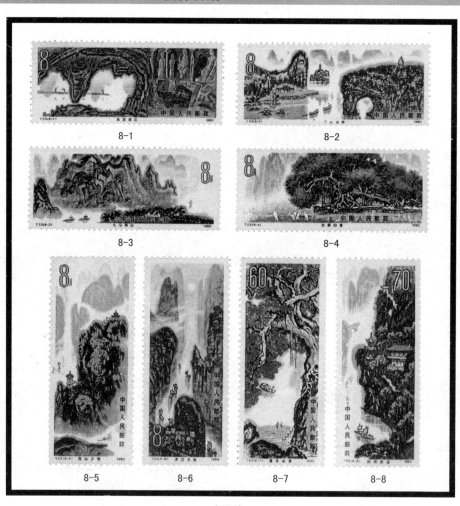

8-1　　　　8-2

8-3　　　　8-4

8-5　　8-6　　8-7　　8-8

（T53）

8-1珠洞剑石	8分	1500万枚
8-2三山远眺	8分	1500万枚
8-3九马画山	8分	1500万枚
8-4古榕白鹭	8分	1500万枚
8-5西山夕照	8分	1500万枚
8-6漓江月夜	8分	1500万枚
8-7瀑水古渡	60分	150万枚
8-8阳朔景道	70分	150万枚

邮票规格：（1～4图）62mm×26mm；（5～8图）26mm×62mm

齿孔度数：11.5度

整张枚数：40枚

版　　别：影写版

设计者：程传理

印刷厂：北京邮票厂

全套面值：1.78元

知识百花园

这套《桂林山水》特种邮票，8枚邮票从不同角度展现了桂林山水的迷人景色。

邮票解析

图8-1【珠洞剑石】邮票画面为伏波山麓的珠洞剑石。伏波山位于桂林市区伏波门外漓江边，西接陆地，东枕漓江，孤峰挺秀，遏阻江流。每当江水陡涨，波涌浪翻之际，即有迂阻回澜之势，以此名为"伏波"。这里景致奇特，岩洞清幽，素有伏波胜境之称。还珠洞在伏波山南麓，唐代称东岩。洞内有一条下垂的奇石，长势特异，高约丈余，离地寸许，这就是有名的试剑石。有诗云："插水峭崖就有路，垂天怪石本无根。"因其悬空而下，离地空隙，像用剑砍成，故名"试剑

石"。一说是揭谛神试剑处；一说为马伏波试剑处。石前即伏波潭，潭接漓江，碧水清澄，倒影隐映。洞壁上留有不少古代石刻和佛像，即称"千佛岩"。岩内有唐代摩崖造像200多尊，其中以唐宋伯康造像和造像记为最著，刻于唐大中六年，距今已有1100多年，是宝贵的佛教艺术杰作。洞内摩崖石刻甚多，最早的为唐咸通四年（863）桂管观察使赵格和摄支使刘虚白的题名。宋代著名书画家米芾的自画像及其题名，范成大的鹿鸣诗等均清晰可辨，是研究唐宋以来绘画书法的珍贵史料。

图8-2【三山远眺】邮票画面上的三座山峰：左边的是穿山，右边的是象鼻山，中间那座状若舰船的是宝塔山。山影重重，若隐若现，形成一种画中有画、山外有山的美妙意境。宝塔山位于桂林市东南，小东江岸边，是座独立的小山，山顶有宝塔一座，故名"宝塔山"。远看又像一艘军舰，又叫军舰山。塔为八角七层实心砖砌，高13.30米，北面嵌佛像，叫寿佛塔，为明代所建。宝塔山左边的穿山月岩，南北通透，如一轮皎月高挂天际。宋吴儆有诗云："安得短蓬岩下漱，长看清影照寒波。"宝塔倒影，西映入漓江，东投入小东江，远望翠嶂落影，碧波荡漾，峻姿挺秀，宝塔山和穿山并称"穿山塔影"。而象鼻山临江而立，形状犹如巨象伸鼻畅饮漓江水，故名"象鼻山"。山顶平展，北端有明代的普贤塔，远看似宝瓶，又似一柄插入象背上的剑，故有"宝瓶塔""剑柄塔"之称。在其鼻与腿之间，有个穿透的大洞，像一轮明月浮在水面，得名"水月洞"，江水贯通，可通小艇。宋代蓟北处士在此有《咏月夜》诗："水底有明月，水上明月浮；水流月不去，月去水还流。"洞内外留有大量历代石刻，有南宋诗人张孝祥的《朝阳亭诗并序》、范成大的《复水月洞铭》、陆游的《诗札》等，都十分珍贵。

图8-3【九马画山】邮票画面上为该景点的碧峰青山。九马画山位于杨堤和浪石村处的漓江岸边。是一巨大平直的削壁，高宽各数十米，上面布满了各色石纹，纵横交错，五彩相间，浓淡有致，宛若巨幅壁画。远看可现出各种形态的骏马。据传，当年孙悟空被玉皇大帝召上天庭当弼马温时，曾经大开栏门让天马自由驰骋。一群天马冲出南天门，看到漓江之滨水草丰茂，景致秀丽，就长住不回，至今江畔石壁上还留有这些神马的影像，峰顶上那匹高头骏马，正嘶风长啸；下边两匹银灰色小马，在低头觅食；中间扬蹄飞奔的三匹马，你追我赶；前边鱼尾峰上的是"先锋马"；后边蚂蟥山上的是"落后马"，姿态各异，形象逼真。有诗云："自古山如画，如今画如山。马图呈九首，奇物在人间。"石壁上究竟有多少马？难以准确

计数。当地民谣说："看马郎，看马郎，问你神马有几双?看出七匹中榜眼，能见九匹状元郎"。古往今来，面对此景，多少人为之赞叹。清代桂林的著名画家罗展，有一首题画山诗曰："山以画为名，画自天公设。人间老画师，到此寸心折。斯世无荆关（荆浩、关同，均为唐代大画师），画意对谁说。"

图8-4【古榕白鹭】邮票画面为一棵巨大的古榕树和数只飞翔、栖息的白鹭。漓江像一条青绿色的绸带，飘然南去。两岸挺拔的山峰凌空而起，俊秀的群峰倒映江中。古榕沿江而立，点点白鹭，活跃其间。古榕旁边，有一条小河，河上过去有个"扯扯渡"，即过渡的人置身船上，手拉悬在两岸之间的绳索前进，无须划桨摆渡，颇有"野渡无人"之趣。榕树系桑科无花果属，常绿大乔木。种类很多，我国约有120多种。主要分布在云南、广东、广西、福建和台湾，喜欢酸性土壤。榕树粗壮，长寿，四季常青，树冠大，分枝多，亭亭华盖。大榕树的主干十分粗大，高二三十米，树杈可横延数丈，一棵树就能占地二三亩。叶革质，卵形，深绿色，长4~8厘米，基部楔形，全绿，羽状脉。隐花果生于叶腋，近扁球形，径约8毫米，如芝麻大小，被鸟啄食后不丧失生命力，随同鸟粪落下，又能长成小苗。木材褐红色，轻软，纹理不匀，易腐朽，可供制作器具、炭薪等。白鹭属鸟纲鹭科，又称"小白鹭"或"白鹭鸶"。体长约54厘米，全身羽毛雪白，生殖期间枕部垂有长翎两根，背和上胸部分披蓬松蓑羽，生殖期以后消失。春夏两季，多活动于湖沼岸边或水田中，以小鱼等水生动物为食。喜群居，主要生活在长江以南各地和海南岛。在中部地区为夏候鸟，南方大多为留鸟。蓑羽可供帽饰用。除小白鹭外，还有中白鹭，体型稍大；大白鹭，长约90厘米，生活习性均与小白鹭相似。

图8-5【西山夕照】邮票画面为落日余晖中的莽莽群山，描绘了阳朔八景之一"西山夕照"的优美景色。西山即屏风山，为阳朔县城内的一座名山，周围已建成优美的阳朔公园，供人游览。山脚、山腰和山顶，均有风格别致的凉亭，用来纳凉和休息。山的西面建有平台，黄昏在此观夕阳明灭、山岚晚霞、变幻无穷，此即"西山夕照"之来历。这里还有一石突立，高丈余、似巨人，名为西郎山。唐代诗人曹邺（阳朔人）吟道："西郎何事面西方?欲会东郎隔大江（漓江东岸有东郎山）。自古良朋时一遇，东郎未会恨斜阳。"

图8-6【漓江月夜】邮票画面为夜幕下的漓江，穿峡越谷缓缓西去，农家渔火在江面闪烁的动人景色。漓江，发源于桂林东北兴安县猫儿山，西流经桂林、阳

朔、至梧州入西江，全程约437千米。漓江，为桂林山水中独具特色的重要景区，以秀、绝、清、奇享誉天下。特别是从桂林至阳朔约40千米的这一段水程，更是景致奇绝，秀水潆绕，山回峰转；青峦浴水，山水相依；户户农舍，点点渔舟；茂林翠竹，河洲断续；江山如画，分外壮观。可谓漓江之水流不尽，漓江之美说不完。

图8-7【瀑水古渡】邮票画面为山崖下榕荫蔽日的漓江渡口。该渡口位于阳朔城内碧莲峰东南麓峭壁之下。漓江南流至此，遇碧莲峰阻挡，转向东南。此处江段宽约百米，水深10米以上，曾是阳朔县城通往江东福利乡一带的主要渡口，当地人称为"义渡"或"钓台"，而"瀑水古渡"之名则少有人知。经查，"瀑水古渡"并非附近有瀑布而得名，据《阳朔地名志》记载，此渡现名"阳朔渡口"，古称"瀑（bào）水渡"。瀑（bào），即指"喷起的水"。因"该处河床有溶洞，激起滚滚水浪，似大股泉水自河底瀑出。"所以，这里的"瀑水"，并不是指瀑布之水。此渡口开设久远，早在唐代，阳朔人曹邺就曾在此题写"钓台"诗。邮票左下角那块临江岩石上，至今还保留着后人凿刻的"钓台"二字。在碧莲峰临江一侧的石壁上，刻写着此渡于光绪三十一年，由万寿宫文江会捐资，改私渡为免费载客过江的义渡。此渡口直到1978年建成阳朔大桥，才予以废止。

图8-8【阳朔景道】邮票画面为游漓江的最后一景碧莲叠翠的山光水色。碧莲峰东瞰漓江，西临阳朔县城，似一朵含苞欲放的碧莲。山腰建有风景道、迎江阁和鉴山楼。该景道原用青石板铺成，后来改换成当地盛产的红绿相间、花纹似槟榔的槟榔石，从而使景道成为一条彩色石路。沿着风景道上行，可以观看远山近水和历代石刻。山壁上刻有一个巨幅"带"字，寓含着"一带山河，少年努力"八个字的笔意。字径八尺，为清代王元仁草书。再置身于迎江阁，从画窗向外看去，一窗一景，窗窗皆画，使人流连忘返，大饱眼福。

北京风景

发行日期：1979.4.2（2图）、1980.6.20（3图）、1980.11.24（1图）

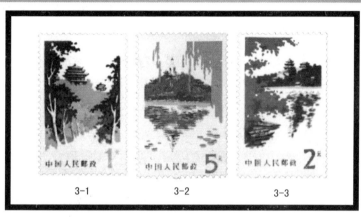

3-1   3-2   3-3

（普20）

3-1景山公园　　1元

3-2颐和园　　　2元

3-3北海公园　　5元

邮票规格：251mm×40mm

齿孔度数：13度

整张枚数：100枚

版　　别：影雕版

设计者：万维生

雕刻者：姜伟杰、李庆发、高品璋

印刷厂：北京邮票厂

全套面值：8.00元

图3-1【景山公园】景山公园位于北京故宫神武门对面，占地面积约23万平方米。元代为大都城内的一座土丘，名"青山"。明永乐十四年(1416)扩建故宫时，将拆除元代旧城和挖掘护城河的渣土堆在青山上，改名"万岁山"。又因皇宫曾在山下堆过煤，俗称"煤山"。1644年3月19日拂晓，李自成攻进北京，崇祯帝朱由检见大势已去，便在此山东麓的一棵歪脖树下上吊身亡。乾隆十五年(1750)，依山就势，在山顶建起五座风格各异的琉璃瓦亭，名为周赏、观妙、万春、富览、辑芳，据说以此象征着苦、辣、酸、甜、咸"五味神"。邮票主图上为"万春亭"，是一座三重檐四角攒尖式顶的黄琉璃瓦亭。

图3-2【颐和园】邮票主图为该园中的智慧海和佛香阁景观。

图3-3【北海公园】邮票主图为该公园中琼岛白塔的景色。

北海公园九龙壁

祖国风光（雕刻版）

发行日期：1981.9.1至1983.12.2

（普21）

17-1 西双版纳　　　1分

17-2 华山　　　　　$1\frac{1}{2}$分

17-3 泰山　　　　　2分

17-4 黄果树瀑布　　3分

17-5 海南风光　　　4分

17-6 苏州虎丘　　　5分

17-9   17-10   17-11

17-12   17-13   17-14

17-15   17-16   17-17

（普21）

17-7万里长城	8分	
17-8东北林海	10分	
17-9天山	20分	
17-10内蒙古草原	30分	
17-11云南石林	40分	
17-12台湾半屏山	50分	
17-13珠穆朗玛峰	70分	
17-14广东七星岩	80分	
17-15长江三峡	1元	
17-16桂林山水	2元	
17-17黄山	5元	

邮票规格：25mm×30mm（1～8图）、30mm×25mm（9～17图）

齿孔度数：11×11.5度（1、2、3、5、6、8图）、13×13.5度（4、7图）、13.5×13度（9图）、11.5×11度（10~17图）

整张枚数：100枚（1、2、3、5、6、8、10、17图）、60枚（4、7图）、60枚（9图）

版　别：雕刻版

设计者：陈晓聪、姜伟杰

雕刻者：孙鸿年、呼振源、李庆发、高品璋、阎炳武、姜伟杰、赵顺义

印刷厂：北京邮票厂

全套面值：$11.24^1/_2$元

知识百花园

这套邮票选取我国著名山水风光景点作为主图，是当时我国普通邮票中枚数最多、面值最全的一套。多次印刷，造成个别版面，如1分、2分、8分等均有不同程度的破版变异。

邮票解析

图17-1【西双版纳】位于云南省最南部的西双版纳，以其美丽的热带风光和浓密的原始森林而著称于世，是一个巨大的"热带植物园"，又是一座天然的动物园，是全国动物种类最多的地方。邮票主图上是椰林环绕的傣族同胞居住的村寨。

图17-2【华山】华山是我国五岳名山之一，古称西岳，位于陕西省华阴市境内，前濒渭河，后接秦岭，奇峰突起，主峰海拔2154.9米，有壁立三仞之势，雄伟壮观。千百年来，华山就以奇拔峻峭吸引着无数游人。

图17-3【泰山】泰山古称岱山，又称岱宗，号称东岳，为五岳之首。位于山东省中部泰安县内，主峰海拔1532.7米。泰山险峰奇石，古松劲柏，雾湖云海，气势磅礴，登泰山顶峰，纵览远近风光，令人心胸开阔，陶然沉醉。

图17-4【黄果树瀑布】黄果树瀑布是我国最大的瀑布，也是世界著名的瀑布之一。它位于贵州省镇宁布依族苗族自治县南15千米的白水河上，以其景色秀丽，雄伟气势赢得"天下奇景"之冠。瀑布顶宽约81米，高68米，飞流直下，万练倾

泻，跌落在犀牛潭中，轰然作响，声震八方，水珠迸溅，雾雨升腾，太阳西下时，折射出万道彩虹，缤纷绚丽，风景极为壮丽。

图17-5【海南风光】海南岛在广东省西南部，是我国第二大岛，面积33200平方千米。北部为平原，中部有黎母岭，东南部有五指山。这里地处热带，四季常青，繁茂的椰树高大挺拔，绚丽壮观的山海胜景，是十分有名的游览胜地。

图17-6【苏州虎丘】虎丘原名海涌山，位于苏州市西北部阊门外山塘街，距城约3500米，历来有"吴中第一名胜"之称。邮票主图为云岩寺塔，俗称虎丘塔，是虎丘的象征。该塔自建筑一半时即发现倾斜，历经千年，现塔身上下偏移达2.32米，被称为"中国的比萨斜塔"。

图17-7【万里长城】万里长城是我国古代的宏伟建筑之一。它东起山海关，西达嘉峪关，经七个省、自治区、直辖市，绵延纵横6300多千米，故称万里长城。它好像一条巨龙，盘旋于燕山群峦叠嶂之中，不见首尾，其气势磅礴，令人惊叹。

图17-8【东北林海】我国东北地区土质肥厚，耕地辽阔，冬季漫长，适宜耐寒树木生长，是我国著名的林区。其植物资源丰富，已知的高等植物就有1000多种。有的地方，几乎到处都被茂密的森林覆盖，有些是迄今尚未为人采伐过的原始森林，万木参天，遮天蔽日，绵延数百里，成为绿色的林海。

图17-9【天山】天山被誉为新疆的象征。它全长2500千米，宽300千米，为塔里木和准噶尔两盆地的分界。3600米以上的山峰终年积雪，多冰川。北坡有茂密的云杉林，森林带上下的草场及南坡山地草原，可分成四季牧场。在博格达峰西北的半山腰有著名的天池。天池周围，高山入云，苍松满坡，绿草如茵，青山绿水在远峰皑皑白雪的衬托下，显得十分优美。

图17-10【内蒙古草原】该草原分布在内蒙古高原，是我国优良的天然牧场之一。这里没有明显的山脉和谷地，起伏平缓，视野宽广，牧草丰茂，景色宜人，是我国主要的畜牧基地。

图17-11【云南石林】云南石林位于云南省路南县境内，面积广阔，在世界同类石林中为最大，被誉为"天下第一奇观"。石林是石灰岩地层被溶蚀而成，有的矗立如林，有的峻拔如墙，有的拱抱如山，有的神态如人，共同组成这石头林海的奇异景色。

图17-12【台湾半屏山】半屏山在台湾地区高雄市，因山形如半个屏风，故

名。半屏山山前的莲池潭，建有春秋双阁，四层八角，挺立如宝塔。这里风光秀丽，是十分著名的风景区。

图17-13【珠穆朗玛峰】珠峰是喜马拉雅山的主峰，位于我国西藏和尼泊尔的交界处，海拔8844.43米，为世界第一高峰。其山体呈金字塔状，山上有巨大的冰川。山峰上部终年为冰雪覆盖，地形陡峭高峻，巍峨壮观。是世界登山运动员瞩目和向往的地方。

图17-14【广东七星岩】广东七星岩位于广东肇庆市星湖风景区内，好像北斗七星一样分布着七座陡峭的石灰岩峰，从东至西依次名为：阆风、玉屏、石室、天柱、蟾蜍、仙掌、阿坡，俗称"七星岩"。邮票主图为七星岩中的最高峰，即为高114米的天柱岩。因其势险峻，似擎天巨柱，故名。有栈道、天桥可通至最高处的摘星亭，登临至此，极目纵眺，远近景色，可尽收眼底。

图17-15【长江三峡】长江三峡是重庆市和湖北省交界处的巫山山脉所形成的大峡谷。西起重庆市奉节县白帝城，中经瞿塘峡、巫峡、西陵峡，东到湖北省宜宾南津关，全长204千米。三峡两岸高峰夹峙，江面狭窄曲折，水流湍急，滩礁密布，险峻幽深，雄奇壮观，是世界最大峡谷之一。

图17-16【桂林山水】"桂林山水甲天下"之说古已有之。桂林一带分布着广大的石灰岩地层，经过漫长的地质年代，形成奇特秀丽的景观，以山清水秀、洞奇石美闻名于世。从桂林到阳朔，漓江蜿蜒于峭拔挺秀的群峰之间，处处风光秀丽，美不胜收，就像一幅长达近百里的水墨画卷，唐代文学家韩愈形容这里是"江作青罗带，山如碧玉簪"。

图17-17【黄山】黄山在安徽省南部，是我国著名的风景区和旅游胜地。古称"黔山"，唐时改称黄山。明代旅行家徐霞客曾说："五岳归来不看山，黄山归来不看岳。"峰峦叠嶂，奇峰怪石，云雾缭绕，都为他处所不见，配上黄山松，构成奇、险、深、幽等奇景。邮票主图上的"梦笔生花"最为形象，一根圆柱状石峰矗立于松海之中，顶尖如削，一株奇松从峰顶盘旋而出，就像一支巨大的画笔，形态不凡，奇景天然。

祖国风光

发行日期：1981.9.1（1、3、5图）、1982.9.30（2、4图）

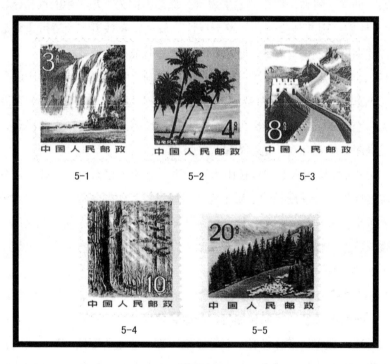

5-1   5-2   5-3

5-4   5-5

（普22）

5-1黄果树瀑布	3分	
5-2海南风光	4分	
5-3万里长城	8分	
5-4东北林海	10分	
5-5天山	20分	

邮票规格：26mm×31mm（1～4图）、31mm×26mm（5图）

齿孔度数：11.5度

整张枚数：100枚

版　　别：影写版

设计者：陈晓聪、姜伟杰

印刷厂：北京邮票厂

全套面值：0.45元

知识百花园

这套邮票的图案与面值同"普21"。采取影写版印制，画面比较模糊。

贵州黄果树瀑布

祖国风光

发行日期：1982.9.30

3-1

3-2　　　　3-3

（普22甲）

3-1海南风光　　4分　　2000万枚

3-2万里长城　　8分　　5000万枚

3-3东北林海　　10分　　1500万枚

邮票规格：26mm×31mm

齿孔度数：11.5度

整张枚数：100枚

版　　别：影写版加磷光条杠

设计者：姜伟杰

印刷厂：北京邮票厂

全套面值：0.22元

知识百花园

为适应信件分拣自动化需要，邮电部发行这套磷光普票。在普22中的4分、8分、10分三枚票上，分别加印纵向磷光条杠（宽约2毫米）而成。

长城风光

认识邮票中的名胜古迹

53

西双版纳风光

发行日期：1981.1.20

6-1   6-2   6-3

6-4   6-5   6-6

（T.55）

6-1碧水晨曦	4分	551.66万枚
6-2傣族村寨	4分	552.16万枚
6-3澜沧虹影	8分	837.16万枚
6-4贝叶古刹	8分	1032.16万枚

6-5版纳月色　　8分　　859.16万枚

6-6凤凰花开　　60分　　101.16万枚

邮票规格：（1、2、3图）40mm×30mm；（4、5、6图）30mm×40mm

齿孔度数：（1、2、3图）11×11.5度；（4、5、6图）11.5×11度

整张枚数：50枚

版　　别：影写版

设计者：黄里

印刷厂：北京邮票厂

全套面值：0.92元

知识百花园

　　西双版纳位于我国云南省南部、澜沧江两岸，面积约25000平方千米，其中55%是被森林覆盖的山区。人口60多万，其中傣族约占30%，其次为汉、布朗、哈尼、拉祜、彝、瑶、回、佤、苗、基诺等民族。傣族有自己的历法，纪元始于公元638年。泼水节是傣历新年中一项主要活动，现在定为4月14日至16日。这几天，无论男女老幼，都互相泼水，表示祝福。除泼水外，还有放高升、丢包、歌舞、燃孔明灯以及澜沧江上的赛龙舟等多种趣味性极强的活动。其他各少数民族，也都有自己独特的生活方式和节庆活动。西双版纳地区年降雨量为1400毫米左右，平均气温为22℃。深山河谷地带古木参天，浓荫蔽日，郁郁葱葱，一片热带雨林景象。这里植物种类繁多，约有5000多种，著名的经济作物有紫胶、橡胶、油棕、香蕉、剑麻、樟脑、柚木、胡椒、金鸡纳、罗芙木等。原始森林中有野象、犀牛、长臂猿、华南虎、金丝猴、孔雀和双角犀鸟等，其中兽类约60多种，鸟类400多种，为我国及世界著名的动植物资源宝库。国家已划定其为自然保护区，创建了我国第一个热带植物园，建成我国第二个天然橡胶基地。从而使这块古老的边疆僻壤，成为中外学者研究自然生态的宝库。

　　邮电部发行的这套《西双版纳风光》特种邮票共6枚，原画均为油画作品。

认识邮票中的名胜古迹

图6-1【碧水晨曦】邮票画面上，高大的棕榈树在微风中舒展着，享受着清晨的气息。丛林中的小鸟，欢快的啁啾。河中的小舟，载着上市的蔬菜、秧苗，正顺流而去。而岸边的两位傣家女，已梳洗完毕，万物苏醒，大地一片生机。勤劳智慧的西双版纳人民，又开始了新一天的生活。

棕榈树，为常绿乔木，树高7米许。干直立，不分枝，为叶鞘形成的棕衣所包。叶大，集生于顶，多分裂，叶柄有细刺。夏初开花，黄色。核果近球形，淡蓝黑色，有白粉。分布于我国秦岭以南各地。叶鞘上的棕毛可以制绳索、毛刷、地毯、床垫、蓑笠等。树干可做亭柱、栏杆。树叶可做扇子，撕裂可代绳索。叶柄茎部的棕毛可以入药，性平、味苦涩，可收敛止血，主治吐血、崩带、便血、下痢等症，一般炒炭后应用。棕榈也为绿化树。

图6-2【傣族村寨】西双版纳傣族社会至今仍沿袭着古代农村公社的形态，每一个村寨就是一个村社的基本单位。邮票画面上，简朴的竹楼，青翠的棕榈，身着民族服装的傣家姑娘修长而健美的体态，以及无忧无虑的轻松脚步，体现了傣家村寨的兴旺和人民生活的幸福。

傣家竹楼历史悠久，古称"干栏"。是一种高脚房屋，近方形状，底层由数根木桩或大青竹为柱支撑，距离地面约2.5米左右，无墙，用来饲养牲畜或堆放杂物。上层住人，室内用竹墙隔开，内间为卧室，外间会客。墙壁和楼板用粗竹剖开压平而成，地板富有弹性，壁上一般不设窗户，阳光和气流均从竹缝中透入。屋顶为双斜面，用茅草或瓦覆盖。傣家竹楼是很有特色的房屋建筑物。

图6-3【澜沧虹影】澜沧江水从西双版纳缓缓流过，辽阔无垠的天空，笼罩着这块美丽而富饶的土地。邮票画面上，两个傣家女伫立岸边，仰望神奇的天际，为大自然的无穷奥秘所吸引。

澜沧江为我国西南地区主要河流之一，发源于青海省唐古拉山，上源为扎曲、吉曲，汇合于西藏昌都后，流经云南省西部，到西双版纳傣族自治州南部出国境称湄公河，再经缅甸、老挝、泰国、柬埔寨，在越南南部入南海。全长4500千米（我国境内为1612千米）。流域面积81万平方千米（我国境内为15.39万平方千米）。云南省境内有漾濞江等支流。上、中游穿行于横断山脉间，深谷高山，水流湍急，并多石滩。虹是阳光射入水滴经折射、反射、衍射而形成的，在雨幕或雾幕上出现的彩色或白色圆弧。常见的有主虹和副虹两种，如果同时出现，主虹位于内侧，副虹位于外侧。主虹称为"虹"，由阳光射入水滴，经一次反射和两次折射而被分散为各色光线所致，色带排列是内紫外红。副虹称"霓"，由阳光射入水滴，经两次折射和两次反射所致。因其多一次反射，所以光带不如主虹鲜明，色带排列是内红外紫。另外，有一种在雾上出现的虹，一般呈淡白色。

图6-4【贝叶古刹】西双版纳的傣家人在新中国成立前普遍信仰小乘佛教，每个村寨都有一座佛寺，其建筑风格与缅甸佛寺相似，习称缅寺。在西双版纳最有名的两处佛教圣地，一是景洪县勐龙曼飞龙寨子北面山顶上的大勐龙白塔，高16.28米，由一座主塔和八座小塔组成，大约建于13世纪。二是建于勐海西18千米的一座小山丘上的勐遮八角亭，高21米，亭底直径10米，亭基高5米，是由12棵10米长的横梁托着10层别致的八角状楼阁，上挂铜铃数十枚，微风过处，铃声清脆，大约始建于300多年以前。现在的建筑，是1978年仿原样所重建。每逢泼水节日，寨子里的人都到这些建筑物前泼水，以示吉祥如意。新中国成立前，按傣家风俗，男子都要到佛寺里去当和尚，学习佛教经文及傣族文化，长大了才"还俗"。有佛寺的地方大多有贝叶树（属棕榈科），因其叶片加工后，可用铁笔刻写佛教经文，称为"贝叶经"。现在，随着佛教在村寨的衰落，贝叶树也日渐减少。邮票画面上，正是在碧蓝的天空下面，一座佛教古刹，被高耸的贝叶树所环绕，自有一派庄严肃穆的气氛。

图6-5【版纳月色】夕阳西下，夜幕降临，傣家小伙和姑娘们正边歌边舞，达意传情。西双版纳的月夜是浪漫的，也是温馨的。

图6-6【凤凰花开】凤凰木为苏木科的落叶大乔木，高可达20米。它的花瓣呈红色，有黄色及白色的花斑，雄蕊也是红的。由这鲜红的花冠所排列成的总状花序，在羽状复叶的映衬下，远看如一把火炬在树海碧波中喷辉吐焰；近看像金色的凤凰在树梢枝头婆娑起舞。这种树木，在我国，只有云南、两广和台湾有引种。邮票画面上，一簇簇盛开的凤凰木花，像一团团火焰在蓝天下燃烧，既表现了西双版纳的自然景色，也寓意着傣家蒸蒸日上的幸福生活。

石林

发行日期：1981.9.18

5-1

5-2

5-3

5-4

5-5

5-1石林·雾　　8分　　1034.66万枚

5-2石林·秋　　8分　　898.66万枚

5-3石林·湖　　8分　　1114.66万枚

5-4石林·霞　　10分　　508.66万枚

5-5石林·星　　70分　　158.36万枚

邮票规格：（1、2、3图）52mm×31mm；（4、5图）31mm×52mm

齿孔度数：11.5度

整张枚数：40枚

版　　别：影写版

设计者：任宇

印刷厂：北京邮票厂

全套面值：1.04元

知识百花园

　　石林，位于昆明东南126千米的路南县境内，因此，又称"路南石林"。相传有人于隆冬遥见石上有李树二株，结实鲜红，晚不及收，次日寻之不复见，故又称"李子箐"。占地面积约40多万亩，包括大石林、小石林、外石林、紫云洞地下石林、摩寨石林、石林湖等风景区。这里峭石插天，危峰森森；怪石拔地而起，如笋似柱，若塔若林；远望莽莽苍苍，犹如一片林海；近游迷宫溶洞，令人扑朔迷离；禽鸟鸣岗，山风阵阵；花香浓郁，千嶂叠翠，更有那当地彝族、撒尼族百姓娓娓动人的传说，为这壮丽奇妙的世界增添了神秘色彩，被誉为"天下第一奇观"。早在明代即已开发为名胜，如今，成为闻名中外的旅游胜地。朱德元帅的八字摩崖题刻："群峰壁立，千峰叠翠"，便是对其高度概括。在距今二亿多年以前，路南石林曾是一片汪洋大海，沉积了由大量的贝壳、珊瑚等钙质生物残骸形成的石灰岩层。中生代以后，地球上的造陆运动使这一带上升为陆地，并由于地壳的应力作用，使石灰岩层纷纷断裂。该地区气候湿润，高温多雨，溶蚀了大量二氧化碳和有机酸的酸性雨水，沿着这些缝隙向下溶蚀，逐渐形成了溶沟和石芽，并彼此分离；溶蚀洼地积水形成了溶蚀湖；溶蚀沿水平方向运动形成了溶洞，在千万年漫长的地质年代里，经过风化和地壳运动的作用，终于形成了这奇特的石林景观。这就是由亚得里亚海岸的喀斯特高地而命名的"喀斯特"岩溶现象，是大自然的杰作。

这套《石林》特种邮票一套五枚，图案均采用原中央工艺美术学院詹建俊教授所创作的一组油画。

邮票解析

图5-1【石林·雾】为石林的雾天景象。晨天辽阔，万籁无声；水汽轻泛，薄雾蒸腾。层层石柱如茫茫林海；重重石嶂似万顷波峰；在紫色的雾幕下，若隐若现，朦朦胧胧。晨光中的石林变成了一片雾海，时浓时淡，在天宇下飘忽。

图5-2【石林·秋】秋光来临，落叶纷纷，排排石柱笔直，行行石峰耸峙，石林一派秋天景色。

图5-3【石林·湖】石林湖水，清凉透明，一片碧蓝。时有鱼儿翻腾，时有野鸭出现。层层涟漪，漾起了徐徐微波，轻轻地拍打着岩岸，把湖边石林的倒影揉碎扰乱。变幻着的石林景观，多姿多彩。

图5-4【石林·霞】是朝霞？是晚霞？还是一支不熄的火把？把天宇照明，把"崖神"融化。传说，这就是撒尼族民间故事中，一位美丽、善良、勤劳、勇敢的姑娘阿诗玛变成的石峰。在盛开的樱花丛中，它永远是饱含着热和光的霞。

图5-5【石林·星】为石林的夜色星空。

石林

庐山风景

发行日期：1981.7.20

（T67）

7-1五老峰	8分	803.96万枚
7-2含鄱口	8分	629.16万枚
7-3黄龙潭	8分	1088.96万枚
7-4日照峰	8分	1128.96万枚

7-5三叠泉	8分	567.56万枚
7-6石松	8分	732.56万枚
7-7龙首崖	60分	139.76万枚

邮票规格：（1、3、5、7图）25mm×40mm；（2、4、6图）40mm×25mm

齿孔度数：（1、3、5、7图）12×12.5度；（2、4、6图）12.5×12度

整张枚数：60枚

版　　别：影雕版

设计者：吴建坤

雕刻者：李庆发、孙鸿年、阎炳武、姜伟杰、高品璋

印刷厂：北京邮票厂

全套面值：1.08元

知识百花园

庐山，又名匡山、匡庐，相传周朝时有匡氏七兄弟上山修行，以草庐为舍而得名。位于江西省九江市南，北临奔腾不息之长江，东南接碧波万顷之鄱阳湖，拔地而起，威严耸立。庐山为古老变质岩组成的断块山，极顶汉阳峰海拔1474米，南北长约25千米，东西宽约10千米，形成一椭圆形山区。山区内林木葱郁苍翠，奇花异草众多，险绝胜景密布。有仙人洞石松横空，龙首崖苍龙昂首，五老峰山姿奇特，含鄱口势含鄱湖，大王池霞落云飞，匡庐瀑壁挂千秋，白鹿洞四山回合，玉渊潭惊波奔流。秀峰碑刻如林，温泉星罗棋布，水色天光交融，四季风景如画。尤为胜者，是这里空气清幽，凉爽宜人，盛夏酷暑的七八月份，平均气温约22℃～23℃左右，年降水量为1800多毫米。年平均雾日为190天，薄雾缥缈，云蒸霞蔚，奇山秀景，笼罩在茫茫雾霭之中，若隐若现，犹如仙境。因此从古至今，便被世人所瞩目，以登临庐山为快、为荣、为盛事。

千百年来，亲历此山览胜观光的诗人墨客、雅士名流难以计数，其游踪所至，多即兴赋诗，泼墨抒怀，李白、杜甫、陶渊明、白居易、苏轼、陆游、范仲淹等均有不朽诗文在此留存。

这套《庐山风景》特种邮票，七幅图案均为庐山中颇具代表性的自然景观。

图7-1【五老峰】位于庐山山区的东南部。山峰陡峭绵延，各自兀立成峰。从山麓明代所建的海会寺仰视群峰，犹如五位老人端坐而得名。但仔细看去又各不同，或像诗人吟咏，或像山民高歌，或像渔翁垂钓，或像老僧打坐。其中以第三峰最险，峰顶有"日近云低""俯视大千"等石刻；又以第四峰最高，峰顶云松弯曲如虬，在此可同时远眺长江和鄱阳湖。下有五小峰，即猴子峰、金印峰、石舰峰、凌云峰和旗竿峰，再往下为观音崖、猴子崖，背后山谷有青莲寺，乃唐代大诗人李白当年的读书堂。在夕阳西下之际，由此仰望峰峦叠嶂的五老峰，像一朵矗立天际的金芙蓉。由此李白《五老峰》诗云："庐山东南五老峰，青天削出金芙蓉。九江秀色可揽结，吾将此地巢云松。"邮票画面上，为峭立天际的五老峰，云雾缭绕，分外壮观。

图7-2【含鄱口】位于庐山东谷含鄱岭中央，海拔1211米。山势高峻，怪石嶙峋，形凹如口，以势含鄱湖、气吞长江而得名。东南汉阳峰古松盘结，北面大月山云雾蒸腾。岭前石坊刻"含鄱口"三字，左右各刻"湖光""山色"二字。其上有一座伞形亭即含鄱亭，中央有一个方形楼台，门上题"望鄱亭"三字，是远望鄱阳湖日出之佳地。每当晨光熹微，水天一色，一轮红日喷薄而出，金光万道，彩霞缤纷，是人间稀有之奇景，可与泰山观日出媲美。夜晚登临含鄱口，可见群峰错列，星光灿烂，渔火万点，波光月色，相映成趣。邮票画面上，为含鄱口巍峨的雄姿。

图7-3【黄龙潭】位于牯岭之南，在黄龙寺附近。它是庐山六个以"龙潭"为名的山间流潭中最著名的一个。潭在两山之间，为各种藤蔓所遮蔽，不见日光，更觉幽深莫测。而山外飞瀑，直泻潭中，砰然作响，愈加壮观。虽在盛暑，登临此地，也觉凉气袭人。其他五潭为：乌龙潭、神龙潭、碧龙潭、卧龙潭和白龙潭，点缀在群峦幽谷之中。均各有特色。邮票画面上，为黄龙潭的飞瀑奇观，水沫迸溅，凉爽宜人。

图7-4【日照峰】位于庐山东北部，与牯岭和汉阳峰遥遥相望。每当旭日东升，日照峰沐浴在万道霞光之中，分外威严壮观。长达百米、宽七米的地下大隧道，远望如一座大门，把山上的几条大路联结沟通，从此险道变坦途。李白《望庐山瀑布》诗中"日照香炉生紫烟"一句，并非描写日照峰，而是"阳光照在香炉

峰上"之意。因为香炉峰在庐山南部,与日照峰方向相反,中间隔着牯岭和庐山主峰即汉阳峰,李白不可能同时望见两峰。且日照峰一带并无大瀑布,也不可能遥看"飞流直下三千尺"的瀑布。倒是香炉峰附近有著名的开先瀑布和马尾水瀑布。因此,这首诗虽然是描写庐山风光的名诗,但与日照峰无关。邮票画面上,为披着彩霞的日照峰,在晨曦中屹立的壮观景象。

图7-5【三叠泉】又名三级泉。元代赵子昂《水帘泉诗》云:"飞天如玉帘,直下数千尺;新月如帘钩,遥遥挂空碧",以此又称水帘泉。位于庐山东谷会仙亭旁。据《桑记》记述,三叠泉之水,"出自大月山下,由五老背东注焉。凡庐山之泉,多循崖而泻,乃三叠泉不循崖泻,由五老峰北崖口,悬注大磐石上,袅袅而垂垂练,既激于石,则摧碎散落,蒙密纷纭,如雨如雾,喷洒二级大磐石上,汇为洪流,下注龙潭,轰轰万人鼓也。"站在观山之上,便可见此泉流,如银河倒悬飞泻而下,流经第四纪冰川遗迹的三级台阶折成三叠。谷风吹来,泉水如冰绢飘洒空中,好像万斛明珠,随风散落,阳光之下,晶莹夺目,五光十色。总落差达600多米,秀丽雄奇。邮票画面上,为三叠泉之水,正层层泻来,姿容壮美。

图7-6【石松】在牯岭西边的仙人洞附近。仙人洞是牯岭西北处一悬崖绝壁上天生的石洞。圆门上刻有"仙人洞"三字。圆门1米之外的悬崖旁有一块悬空横石,往北伸展,名"蟾蜍石",石背裂缝中长出一棵古松,即石松。石上侧面刻有"纵览云飞"四字,上面刻有"豁然贯通"四字。登临纵目,数十里内山丘田野尽收眼底。每当微风徐来,云随风飞,松针相击,蔚为奇观。邮票画面上,为植根于蟾蜍石的石松,挺立于苍天云海之中。

图7-7【龙首崖】位于庐山大天池侧门外数百米处。形似两块巨石,一块直立,深不见底;一块横卧其上,直插天池山腰。上复劲松,下临绝壑,似苍龙昂首,明代诗人刘世杨见状,写下"龙首崖"三字,因此得名。站在崖上,只闻松涛澎湃,山泉洪鸣,古人称之为:"奇绝"。俯视崖下,如诗如画,美不胜收。崖下即猴子崖、方印石、清凉台、百丈梯等名胜,为明代著名旅行家徐霞客西登庐山之道。龙首崖下1里处有文殊洞,凹入崖壁内2米多,宽约8米,壁外题"文殊古洞"四字,相传为天池寺僧所住。邮票画面上,为巍峨壮丽的龙首崖奇观。

黄帝陵

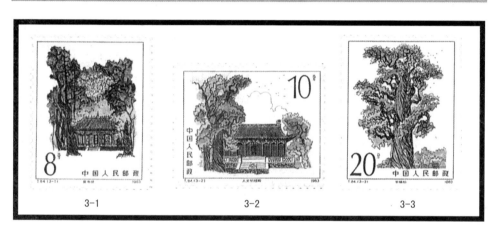

3-1   3-2   3-3

（T84）

3-1黄帝陵	8分	325.76万枚
3-2人文初祖殿	10分	231.76万枚
3-3轩辕柏	20分	302.76万枚

邮票规格：（1、3图）31mm×38.5mm；（2图）38.5mm×31mm

齿孔度数：11.5度

整张枚数：50枚

版　别：影雕版

设计者：张克让

雕刻者：呼振源、高品璋、赵顺义

印刷厂，北京邮票厂

全套面值：0.38元

知识百花园

　　当今世界，无论是祖居大陆的中国人，还是置身异国的海外赤子，无不承认自己是龙的传人，是炎黄二帝的子孙。黄帝，这位五千年前氏族社会生活在黄河流域一个部落的首领，姓公孙，名轩辕，天才幼慧。墨子曰："年逾十五，则聪明心虑无不徇通矣。"能"抚万民，度四方"。据传说及史料记载，黄帝部落充分利用那里气候温和、土质肥沃的自然条件，把游牧和半游牧的生活，逐渐过渡到以农耕为主的定居生活，使生产力得到迅速提高，并逐步发展强盛起来。于是，"天下有不顺者，黄帝从而征之；平者，去之"，先后进行了几次规模宏大、血流成河的战争，击败了炎帝部落和蚩尤部落，形成一统天下的格局，组成了一个多民族的大家庭。"诸侯咸尊轩辕为天子，代神农氏。其在位百年而崩，时年111岁。"司马迁称"雍州积高，神明之奥"，即中华文治之发祥启于黄帝。传说他有许多创造发明，如农桑、养蚕、医药、舟车、文字、音律、历法、算数等等，塑造出中华民族光辉灿烂的古代文明，深为人民尊重、爱戴和怀念。相传黄帝有25个儿子，历史上的尧、舜及夏、商、周、秦等历朝的君王，都是他的后裔。黄帝已成为中华民族的始祖和象征。

　　在华夏大地，河南、河北、甘肃等地都建有黄帝陵。但据《史记·五帝本纪》和《黄帝本行纪》中记载："黄帝崩，葬桥山"之说，地处陕西省黄陵县城北桥山之巅的黄帝陵和山下的黄帝庙，自汉代起，便一直被视为正宗。这令县原名翟道县、中部县，于1944年改名为黄陵县，即起因于县内有此黄帝陵。桥山黄帝陵相传建自汉代，唐代宗大历中期在城北桥山西麓。宋太祖开宝五年，下诏移建今址。元至正，明天启、崇祯，清顺治、雍正、乾隆、道光及后期叠有修葺，均有碑记载或录于县志中。每逢清明佳节，从古至今，从官方到民间，从秦川儿女到海外侨胞，赴黄陵祭祀者，络绎不绝。无论贫富贵贱，不管政治信仰，只要是黄皮肤、黑眼睛的中国人，黄帝便是你的祖先，便是你的根，便是团结的源头。1911年辛亥革命后，孙中山便派人员前去扫墓。1937年毛泽东主席派林伯渠为代表，专程致祭黄帝陵墓，举行民族扫墓典礼，激励国人，团结抗日。国共两党也在抗战期间，曾两次共祭黄帝陵，表达全民族共同抗日的信念。1962年4月，国务院正式公布黄帝陵为全国重点文物保护单位，黄帝墓编号为古墓葬第一号。1983年4月5日正值清明节，发行这套《黄帝陵》特种邮票，自有其独特意义。

邮票解析

图3-1【黄帝陵】位于桥山顶正中，陵高36米，由青砖砌成的花墙墓围48米。陵区占地约4平方千米，遍布参天古柏，郁郁葱葱，大多在千年以上。山环水抱之势，山上山下，风景如画，更有桥山月夜、沮水秋风、南谷黄花、北岩净石、龙湾晓雾、凤岭春烟、汉代仙台、黄陵古柏等黄陵八景，点缀其间，别有一番新意。传说黄帝乘龙升天后，人们将他的衣冠葬在这里。因此，在衣冠冢前，有明代嘉靖年间建立的"桥山龙驭"石碑一座。清代，又建立一座"古轩辕黄帝陵"石碑。碑前是1962年重新修建的祭亭，亭中大理石碑刻是郭沫若题写的"黄帝陵"三个大金字，典雅庄重，古朴醒目。距亭南侧约20米处有一土台，台上立有"汉武仙台"石碑。相传是汉武帝刘彻北巡时所筑的祭陵台，距今已有2000多年。祭陵始自汉代，现存47块碑石，均记载着以后历朝祭扫黄陵之概况，成为黄陵历史的一部分。

图3-2【人文初祖殿】位于黄帝庙内，黄帝庙始建于汉代，当时坐落在桥山西麓。宋太祖赵匡胤于开宝五年（972）把它迁自桥山东侧约1千米处。大殿为一座面宽七间单檐歇山顶周回郎建筑，眉宇正中悬挂"人文初祖"硕大匾额，意即黄帝为我中华民族进入文明时代的最初祖先之意。殿内设有巨大的黄帝牌位，上书"轩辕黄帝之位"六个大字。殿外的庙院和过亭，存放着数十块历代碑石雕刻，文字多为帝王奠祀黄帝的祭文。庙宇和大殿，历经元、明、清各代屡加修葺，至今仍保存完好。新中国成立后，又多次进行整修，使之成为人们祭祖寻根之圣地。

图3-3【轩辕柏】位于黄帝庙门内侧。巨柏高19米，下围长10.3米，高耸雄立，势盖群柏。当地人形容此柏之巨时说："七搂八柞半，疙里疙瘩还不算。"相传为黄帝亲手种植，故名"轩辕柏"，亦称"黄帝手植柏"。另外，在殿阶下还有一棵巨柏，称"将军柏"。传说汉武帝征朔方归来时，曾在此驻跸，并在这棵柏树上钉钉子挂铠甲，至今依稀可见钉痕，常有柏液渗出。巨柏是黄帝陵的重要组成部分，也是中华民族历尽沧桑、挺拔不屈的象征。

秦始皇陵兵马俑

发行日期：1983.6.30

4-1　　　　　4-2　　　　　4-3　　　　　4-4

小型张

（T88）

4-1群俑	8分	1038.22万枚
4-2陶俑	8分	1002.09万枚
4-3兵马俑	10分	498.84万枚
4-4兵马俑坑	70分	274.72万枚
小型张　牵马俑	2元	85.04万枚

邮票规格：40mm×30mm

小型张规格：100mm×85mm，其中邮票尺寸：60mm×40mm

齿孔度数：11×11.5度

整张枚数：50枚

版　别：影写版

设计者：吴建坤

印刷厂：北京邮票厂

全套面值：0.96元

小型张面值：2.00元

知识百花园

　　秦始皇（前246～前210），姓嬴，名政，秦庄襄王之子。公元前246年嗣位为秦王，时年仅13岁，国事由相国吕不韦主持。九年后，即他22岁时，才亲理朝政。任用李斯，对齐、楚、燕、韩、赵、魏等六国采取各个击破的政策，从公元前230年起，历时10年，终于先后把六国灭掉，完成了统一全国大业，自称为始皇帝。公元前210年，在东巡途中病死。秦始皇是中国历史上第一个实现全国统一的皇帝，是一位杰出的政治家和军事家。在他当政的30多年里，废除了分封制度，设立郡县，拆除内地的长城和关塞，打破封建割据，统一了文字和度量衡等，对于推动我国社会历史的发展起了积极作用。但在国家统一之后，秦始皇却滥施苛政，横征暴敛，严重地破坏了生产力，激起民愤，终于在他死后的第二年便爆发了大规模的农民起义，公元前207年秦王朝灭亡。

　　秦始皇陵位于陕西省临潼区东5千米处的下河村，南依骊山，北临渭水，是秦始皇继王位后于公元前247年开始兴建的。据《史记·秦始皇本纪》记载："九月，葬始皇骊山。始皇初即位，穿治骊山，及并天下，天下徒送诣七十余万人，穿三泉，下铜而致椁，宫观百官奇器珍怪徙臧满之。令匠作机弩矢，有所穿近者辄射之。以水银为百川江河大海，机相灌输，上具天文，下具地理。以人鱼膏为烛，度不灭者久之。"历时37年，到秦始皇死时，才基本建成。陵园范围，据《骊山记》载："始皇陵内城周五里，旧有四门，外城周十二里，其址具存。"经考古工作者勘测，陵寝的形制为内外二城，呈长方形，面积近2平方千米，连同从葬区，总面积为56平方千米。其规模之大，费时之长，耗资之巨，是举世罕见的。陵园地面原本殿屋相连，雄伟壮观，但被项羽"一炬化为灰烬，唯存墓冢"。陵墓位于陵园南部正中，陵丘高46米，周长1410米。陵园东则为从葬区。秦始皇陵兵马俑从葬坑在陵园外城东门外距陵墓1.5千米处，于1974年3月，宴寨公社西阳生产队的社员在农田打井时发现的。1975年对一号坑进行了发掘，修建了闻名中外的秦始皇陵兵马俑博物馆。展室为现代化钢结构大厅，计长230米，跨度70米，高22米。厅前两侧设有陈列室和接待室。布局庄重，气势宏伟。1979年国庆节起正式开放。秦俑运用写实手法，以现实生活为依据，丰富生动地塑造了多种具有一定性格特征的人物形象。其风格深厚、洗练，富有感人的艺术魅力，是我国古代雕塑艺术臻于成熟的标志。秦俑艺术不仅在我国雕塑史上起着承前启后的作用，具有划时代的意义，而且对于研究秦代的历史、政治、军事、经济、文化、科学技术都具有很大价值。秦始皇陵兵马俑这一古代文明的伟大奇观，引起了世人的瞩目，被誉为"世界历史奇迹"，是"人类古代精神文明的瑰宝"。这套《秦始皇陵兵马俑》特种邮票的发行，是要向全世界表明中华民族的伟大以及为人类文明所做出的贡献。

邮票解析

图4-1【群俑】出自一号坑。俑坑内群俑数以万计，造像各有不同。特别是面部表情，有的庄严肃穆，有的温良敦厚，有的聪明机智，有的雄壮威武，有的饱经沧桑，有的初出茅庐，有的干达老练，有的单纯幼稚，充分体现了2000年前秦代匠人制俑工艺的高超水平。一号坑主要是以战车兵和步兵为主力的部队，步兵数量较多，战车构成军阵的重心，车上一般有甲士三人，各执远射、格斗与卫体三类兵器。车后跟随徒卒，或列于骑兵阵头。

图4-2【陶俑】这些陶俑和真人一样大小，身高约1.8米左右。它的制作过程是按俑、马的不同部位，分别用陶模翻出胎型，然后套合、粘接，再雕塑出五官、须发、铠甲、衣纹等细部。邮票上的一具为陶俑头部的特写，表情丰富细腻，为秦俑雕塑艺术中的上品。

图4-3【兵马俑】出自一号坑。一号坑内兵马俑总数约6000件左右，由战车、步兵相间排列成军阵，三列横队共210号弓弩手组成长方阵前锋，其后由38路纵队步卒，簇拥着驷马战车，构成本阵。在军阵左右两侧和后方，又各有一列面向朝外的弓弩手，当为侧翼卫队的后卫。兵俑、马俑与真人、真马一般大小，人物之容貌、姿态、神情依职责各异，栩栩如生，表现勇敢顽强之状；马俑膘肥体壮，昂首

嘶鸣，跃跃欲奔，显示出秦军之强大无敌。

图4-4【兵马俑坑】秦陵兵马俑坑，一号俑坑深5米，东西长230米，南北宽62米，为一长方形地下土木建筑，面积14260平方米。坑的四边均有斜坡门道，东西各五个，南北各两个。此俑坑是以战车马步兵组合排列的长方阵。二号俑坑面积近6000平方米，呈曲尺形，为战车、骑兵、步兵混合编组的曲形阵。三号俑坑面积500平方米，呈凹字形，内有战车一乘，卫士俑68件，是统帅一、二号俑坑军队的指挥部。二、三号坑试掘后已回填。

小型张【牵马俑】图案为以一号坑步兵俑为背景的牵马俑。草料已经喂足，鞍辔也已备好，只要命令一下，立即驰骋沙场。背景中的步卒俑阵，更是同仇敌忾、威武雄壮、生气勃勃、浩浩荡荡，显示出秦朝强大的军事力量。通观已出土的兵马俑上，发现有文字的近500件。其内容一是俑上的数字表示制作过程中的编号，二是俑上有人名、地名的戳印，这正是秦代统治者谓之"物勒工名，以考其诚"，对工匠们实行监督、考核、检查、落实责任制的结果。因俑上的人名、地名较复杂，它又分三种情况。其一，凡带有"宫"字的，如"宫水、宫疆、宫保、宫屯、宫系"等，"宫"是秦朝廷所属服务官署的简称，说明这些艺人均是来自官署管辖的制陶作坊，而第二个字均为人名。其二，凡带有"咸阳衣、成阳危、咸阳野、咸阳平"等字的，说明这些人是从咸阳征调来的，而第三个字亦是人名。其三，凡刻有"民、牌、安"等单字的，都是人名，表示是来自不同地区、不同阶层的优秀雕塑者。这些杰出的工匠，伴随着这些不朽的作品，"埋名"于地下，2000年后的今天，终于重见天日，蜚声中外，实乃一大幸事。

陕西秦陵兵马俑

峨眉风光

发行日期：1984.11.16

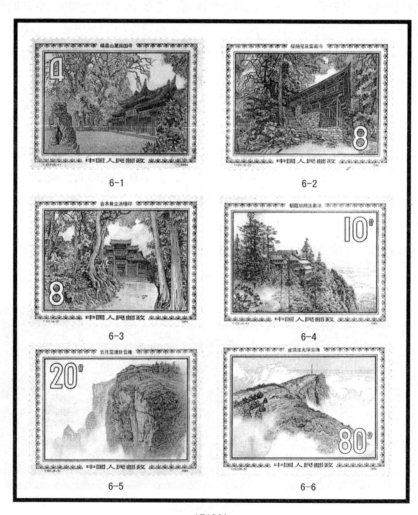

6-1峨眉山麓报国寺　　4分　479.46万枚

6-2绿荫笼罩雷音寺　　8分　537.16万枚

6-3古木耸立洪椿坪　　8分　676.81万枚

6-4朝霞初照洗象池　　10分　520.46万枚

6-5云托雾漫卧云庵　　20分　550.51万枚

6-6金顶宝光浮云海　　80分　493.22万枚

邮票规格：54mm×40mm

齿孔度数：11度

整版枚数：28枚

版　　别：影雕版

设计者：许彦博

雕刻者：高品璋、孙鸿年、赵顺义、姜伟杰、阎炳武、呼振源

印刷厂：北京邮票厂

全套面值：1.30元

知识百花园

　　峨眉山位于四川省峨眉县城西南7千米处，与山西五台山、浙江普陀山和安徽九华山并称为我国佛教四大名山。因山势逶迤，"如螓首蛾眉，细而长，美而艳"，故名"峨眉山"。它共有大小四峨，纵横200余千米，主峰万佛顶海拔3077米。峰峦起伏，重岩叠嶂，为悬崖众多、峭壁林立的断块山。唐代李白诗曰："蜀国多仙山，峨眉邈难匹。"从山麓至顶峰的登山路约120千米，石径盘旋，浓荫蔽日，蜿蜒曲折，直上云霄。明代有诗道："峨眉高，高插天，百二十里云烟连，盘空鸟道千万折，奇峰朵朵开青莲。"山上文物古迹甚多，寺庙始建于东汉，距今已有1700多年的历史。后历代续有增修，规模日渐扩大。初流行道教。唐、宋以后佛教日隆，至明、清达到鼎盛，一时大小寺庙约近百座，终日香火缭绕，佛事不断。清末，佛教衰微，深山寂寥，加上山地多雨潮湿，原有寺庙大多破败，至民国年间所剩不及半数。新中国成立后，国家曾两次大规模修葺，重建寺庙和园林，现有著名风景区十多处。除人文景观之外，峨眉山自然风光亦独具特色，以雄、奇、秀、幽见称。飞禽走兽种类丰

富，植物达3000多种。为我国著名的游览胜地。

这套《峨眉风光》特种邮票，设计者运用钢笔线条，一丝不苟地表现出寺庙建筑的复杂结构，水彩画又表现出云雾缥缈的自然景色那种层次丰富的意境。采用清新雅致的淡彩作底色，使邮票画面呈现出清澄幽远的感觉。雕刻刀法，亦颇具功力，线纹较精细准确，景物有厚度，具有立体感。

邮票解析

图6-1【峨眉山麓报国寺】为峨眉山麓第一大寺，是峨眉山的门户，游山的起点。建于明代万历年间，原名会宗堂，清康熙时重修并改名为报国寺。山门"报国寺"匾额为康熙御笔。建筑雄伟，气势轩昂，弥勒殿、大雄殿、七佛殿、藏经楼等，自前至后逐级升高。四大殿楼掩映在苍楠翠柏之中，寺内香烟袅袅，钟鼓声声。园中花圃亭榭，小巧典雅。寺内藏有明永乐十三年（1415）彩釉瓷佛一尊，高24米。明铸14层高7米的紫铜"华严塔"一座，塔身铸有小佛像4700多尊及《华严经》全部经文。

图6-2【绿荫笼罩雷音寺】明代为观音堂，清初名解脱庵。按佛教说法，凡入山者先在这里解脱尘凡，而出山则在这里解脱险阻，故名"解脱庵"。清光绪十年（1884）改建，更名雷音寺。现仅存一院，踞高岗，临危崖，木柱支撑，建筑悬空，绿荫笼罩，环境幽静。山下有桥名解脱桥，跨瑜珈河上，为游山必经之地。

图6-3【古木耸立洪椿坪】古称千佛庵。为明代楚山性一禅师开建。清乾隆五十五年（1790）峨云禅师重修，因寺前的洪椿古树，故更名为洪椿坪。古刹雄踞天池峰下，海拔约1100米。殿宇崇宏，廊庑精洁。昔有康熙赐匾"忘尘虑"及对联，均已散佚。惟乾隆所赐对联一副仍悬大殿。寺内有清末刻制七方千佛莲灯一具，高约2米，直径1米，刻纹龙七条，佛像数百躯，工艺高超，雕镂精细。寺院周围，山抱林拥，葱郁幽静。每当炎夏清晨，不时雾雨霏霏，素称"洪椿晓雨"，为峨眉十景之一。洪椿坪堪称峨眉山最佳避暑胜地。

图6-4【朝霞初照洗象池】明代称初喜庵，规模甚小。清康熙三十八年（1699）扩建为寺。寺前有一个六角形小池，传说普贤菩萨曾在此洗象登山，故得名。殿宇雄踞钻天坡顶，寓于一片冷杉林中，海拔约2100米，游人可凭栏观赏远近峰峦秀色。每当云收雾敛，碧空万里，月朗中天，宛若仙境，李白诗曰："峨眉山

月半轮秋，影入平羌江水流；夜发清溪向三峡，思君不见下渝州。"盛赞这峨眉十景之一的"象池夜月"。从洗象池到九老洞一带，还有著名的峨眉红面猴，沿路向游人索食，甚至入寺玩耍，颇增情趣。

图6-5【云托雾漫卧云庵】建于西峰绝顶，俯卧于白云之上，故名"卧云庵"。此处原有铜造金殿一座，因失火报废，现仅存明成化年间（1465～1487）所铸铜碑存于庵内。登临此庵，置身霄汉，视野开阔，使人飘飘欲仙。再加上白云翻滚，晓雾弥漫，远近景色，变化多端，更给人以许多神秘之感。

图6-6【金顶宝光浮云海】金顶为峨眉山顶峰，原有铜殿一座，中午在阳光下金光闪闪，山下可见，故名"金顶"。后焚于火，现仅存四壁。山顶云雾缭绕，林木葱郁，东望天府平原尽收眼底；西看贡戛雪山皑皑如玉。"登台轻世界，俯槛小山川。五岳皆培楼，三巴在几筵。"气势极为壮观。在这里还有闻名遐迩的"峨眉宝光"，即在特定的条件下，阳光照射在充满水滴的山顶空气层时，小水滴的衍射使天空出现五彩斑斓的光环，而且还会把游览者的身影也投入其中。这种自然现象，过去误以为佛祖显灵，以至有不少善男信女听从佛祖召唤，纵身跳下了舍身崖。

峨眉风光

泰山

（T130）

4-1岱庙晴雪　　8分　　2246.52万枚

4-2盘道通天　　10分　　1438.40万枚

4-3大观雄峰　　20分　　1454.55万枚

4-4云海日出   90分   912.84万枚

邮票规格：54mm×40mm

齿孔度数：11度

整张枚数：28枚

版　别：影雕版

设计者：张济平

雕刻者：高品璋、孙鸿年、阎炳武、呼振源

印刷厂：北京邮票厂

全套面值：1.28元

知识百花园

　　泰山为我国"五岳"名山之首。"五岳"所包括的内容，在中国漫长的历史上，经过许多演变。据考证，远在尧舜时代，就有"五岳"的称谓，但那只是汉代经学家的想象。在五岳之说问世以前，"三岳""四岳"已经出现，据《南岳志辑要》记载："山高而尊者岳，唐虞四岳，至周始为五岳"。这是有文字记载五岳最早出现的年代。西周以华山为中岳，吴山（陕西陇县）为西岳，泰山为东岳，恒山（河北曲阳县西北）为北岳，南岳何指已不可考。周平王东迁洛邑之后，"以嵩位中央，左岱右华"，为"天地之中"，故改中岳为嵩山，其他四岳不变。司马迁在《史记·封禅书》中写道："昔三代之君，皆在河洛之间，故嵩高为中岳，而四岳各如其方。"汉武帝时，以嵩山、泰山、天柱山（又名霍山，位于安徽潜山市）、华山、恒山为五岳，汉宣帝又将南岳天柱山改为衡山，至隋开皇九年（589）衡山称南岳成为定制。唐武则天天册万岁元年（695）封禅嵩山时，又曾改中岳为神岳。北宋以后，嵩山中岳名称又被恢复，明代以今山西浑源县恒山代河北曲阳县恒山为北岳。至此，五岳形制才最后确定为东岳泰山，西岳华山，南岳衡山，北岳恒山，中岳嵩山，并相沿至今。

　　东岳泰山，横亘于我国山东省中部，起伏绵延200多千米。主峰玉皇顶，在泰安城北，海拔1532.8米，为我国东部沿海第一高峰。据考证，泰山大约生成于20多亿年前的太古代，而在几十万年前，泰山还只是茫茫大海中的一座孤岛。在我国众多名山中，泰山可谓成名最早，享誉最盛，至少在4000年前，人类即已开始了崇拜泰山的活动。那时，泰山名岱，古人把岱看作神州诸山之宗，故又称它为"岱宗"。"泰山"一名，最早见于《诗经》："泰山岩岩，鲁邦所瞻"。泰山风光壮丽，地势优越，人称"天下名山第一"，又有"山至泰山，天下无山"之赞誉。泰山地区又是我国古老文化的发祥地之一，其南面和北面有灿烂的大汶口文化和龙山文化，分别有6000年和4000年的历史。到了商代，泰山地区已成为当时我国政治、经济、文化的中心之一。春秋时，泰山成为齐鲁两大强国的边界。处在这样一个古代文明发达地区，泰山自然就为大多数人所认识。同时，历代帝王的封禅活动，使泰山地位倍增。封，筑坛以祭天；禅，扫除以祭地。泰山拔地通天，气势雄伟，又位于神州东部，古人视它为紫气之源、神灵之宅，俨然是天的象征。于是，从公元前219年秦始皇开始，历代帝王便在这里大搞祭天告地活动，以后的秦二世、汉武帝、唐高宗、宋真宗等都曾多次来此封禅，清代乾隆几次到泰山致祭，为历代帝王之冠。此外，泰山的驰名还与人们在这里的造神活动有关。大约在原始社会，泰山神——东岳大帝就诞生了。汉武帝册封五岳，泰山"五岳独尊"，成为神山里最高的一级。秦代以后，泰山女神——碧霞元君问世，连东岳大帝也为之逊色。朝拜泰山的人盛时达10万之众，使泰山日臻神圣。

邮票解析

图4-1【岱庙晴雪】岱庙，古称东岳庙，泰山行宫。位于泰山脚下旧泰安城与岱顶南天门的中轴线上，它创建于汉代，是历代皇帝举行封禅大典和祭祀泰山神的地方，故其建筑完全仿效帝王宫殿与宫城。总面积96000多平方米，现存古建筑150余间。主体建筑天贶殿，建于宋代，高22.3米，长48.7米，宽19.79米，重檐高翘，巍峨峻极，与北京故宫太和殿，曲阜孔庙大成殿合称我国三大殿。殿内有巨幅壁画《泰山神启跸回銮图》，生动描绘了泰山神出巡的宏伟场面，人物多达697个，为我国绘画史、道教壁画史上的杰作之一。邮票画面为雪后岱庙内的风景。

图4-2【盘道通天】登泰山有东、西两条路，一般是东路上，西路下。出岱庙北上约500米的岱宗坊，为登山起点。由此去岱顶，有近7000级台阶，《山海经》上说，泰山从山下至极顶有48里300步，记载颇为详细。而其中最艰辛的攀登要数十八盘，由中天门北望，十八盘如云梯高悬，动人心魄，而登上十八盘，再由南天

门回首，又见山道邈远，千嶂俯归。李白诗曰"天门一长啸，万里清风来"，写出了南天门的雄伟及登上南天门后的畅快心情。明代诗人陈沂描述南天门"望入天门十二重，悄然飞舞半虚空。千寻不假钩梯上，一窍惟容箭栝通。风气荡摩鹏翮外，目光摇漾海波中。欲求阊阖无人问，但拟彤云是帝宫"。但在东汉以前，盘道未开，登顶之艰不难想象。《后汉书》中形容"两从者扶挟，前人相率，后人见前人履底，前人见后人顶如画重累人矣，所谓磨胸捏石扪天之难也"。至东汉建武三十二年（56），光武帝刘秀封禅泰山，发千人治泰山道。宋元时代，泰山岱顶修建碧霞祠和摩空洞时，为了便于上运建筑材料，又对山道石阶进行了大规模的整治。历经2000年间的漫长岁月，终于构筑出这列入世界之最的通天盘道。邮票画面上，一条无尽无休的羊肠盘道，扭来扭去，顺着长满青藤的两大山体的夹缝中向上延伸，一直插到云霄之中，充满艰险、神奇、幻想。

图4-3【大观雄峰】泰山石刻，是蜚声海内外的一大景观，大约从魏晋南北朝始，文人名士，官吏名流，慕名登临，大多要留下墨宝、勒石纪念一番。十多千米的登山道两旁，岩石上大大小小的题字，至少也有1000处以上，真是灿若群星，令人目不暇接，其中不乏名篇佳句，如"登峰造极""天柱东维""深远高大""超然尘表""天地同攸""置身霄汉""壁立万仞"等，而有不少又取自古代典籍，如："能成其大"，语出《孟子》；"从善如登"，语出《国语》；"弥高"，语出《左传》；"至哉坤元"，语出《易经》等。泰山刻石最为精彩的部分，还是在大观峰上，现在，除去已经铲除和风剥尚有痕迹者不可胜数外，篆隶行楷草题刻能辨认者就达80多处。其中，邮票偏右部分的则是最负盛名的唐摩崖刻石《纪泰山铭》，高13.3米，宽5.3米，它是唐玄宗开元十三年封禅泰山后所书，全文分为四段，二十四行，连同额铭整1000字。刻石内容为叙述封禅始因、规模及仪典过程；颂扬泰山的高大雄伟，庄严神圣；夸耀玄宗前五代唐皇帝的文治武功；抒发自己的治世雄心和发布施政纲要。碑文通篇为八分隶书，笔力遒逸婉润，既有古隶遗意，又带中唐新风，大有穷尽开元盛世一代雄才之势。此碑1982年曾全文重新贴金，富丽堂皇、金光闪闪，可谓天下大观之绝。在邮票左侧，则有"云峰"二字，乃清康熙皇帝正楷手书，工整庄重，笔力千钧，为瞩目大作。下面便是大观峰又一著名石刻——清摩崖刻石，此刻石草书大字，龙飞凤舞，风流倜傥，极尽皇家威严气派，此为乾隆皇帝手书。大观峰屹立千载，其刻石伴流云漫雾，傍奇树妙石，互为映

衬，极其雄浑壮美。

图4-4【云海日出】登临泰山的最高峰玉皇顶，则是俯瞰尽览泰山全貌的最佳处，玉皇顶又叫岱顶，也叫天柱峰。这里建有玉皇庙，院中央有极顶石，上刻"极顶"二字。尤为可嘉的是站在玉皇顶上的日观亭、望河亭和日观峰上，可观赏到"旭日东升""晚霞夕照""黄河金带""云海玉盘"四大奇观。正是"会当凌绝顶，一览众山小"。极目四望，使人倍感天高地阔，心旷神怡。日观峰在玉皇顶东南，峰北侧有一巨石悬空探出，名拱北石，因其"独立烟岚，雄峙东天"，面对"烟波万里推白浪"，故又名"探海石"。在这里观日出，初时仅为一红线，逐渐扩张，绚丽多彩，荡漾如波；久之红云下忽现弓形，须臾呈半圆，其升极速，瞬间跃出海面，光芒四射，壮观至极。邮票画面上，正是展现这一喷薄欲出的瑰丽场面和天下奇观。

泰山风光

华山

发行日期：1989.8.25

4-1　　　　　　　　　4-2

4-3　　　　　　　　　4-4

（T140）

4-1西岳五峰	8分	2370.95万枚
4-2华山远眺	10分	2071.75万枚
4-3千尺幢	20分	2111.70万枚
4-4苍龙岭	90分	2150.70万枚

邮票规格：54mm×40mm

齿孔度数：11度

整张枚数：28枚

版　别：影雕版

设计者：杨文清

雕刻者：呼振源、阎炳武、李庆发、姜伟杰

印刷厂：北京邮票厂

全套面值：1.28元

知识百花园

"华山天下险"，其雄伟险峻，列"五岳"之冠。设计者首先以"西岳五峰"和"华山远眺"两幅画面，纵览华山之全貌，渲染出华山的博大气势，给人一个总体印象。其中"西岳五峰"又是纵向的鸟瞰；而"华山远眺"则是横向的眺望。只见苍松挺翠，云蒸霞蔚，莽莽山体，巍然耸立，茫茫宇宙，辽远深邃。然后以"千尺幢"和"苍龙岭"两幅画面，具体细致地刻画华山的险峻。这两处景色独特，鬼斧神工，最具有代表性，且是攀登华山主峰和连接五峰的唯一途径。全套邮票，既有全貌，又有局部，相辅相成，统一完整。

邮票解析

图4-1【西岳五峰】指华山的东、西、南、北、中五个山峰。邮票画面上近景为北峰，远处为东、南、西三峰，三峰环抱中峰。中峰也叫玉女峰。它依附于东峰的西壁，是通向东、西、南三峰之要道。传说春秋时有一隐士名叫箫史，善吹玉箫，被秦穆公召到宫廷中演奏。穆公女儿爱慕箫史，遂舍弃浮华的宫中生活，随他到华山中峰隐居。夫妻二人常乘马驰骋于诸峰之间，以吹箫引凤为乐。这即是"玉女峰"一名的由来，并修建了"玉女祠""引凤亭"。山上至今还留有玉女石马、洗头盆、石盆等名胜遗址。东峰位居华山之东，峰顶有朝阳台，是华山观看日出的绝佳处，故又称朝阳峰。东峰北端有"杨公塔"，塔上有杨虎城将军所写"万象森罗"四字。峰的东北处有巨崖直垂，为著名的关中八景之一。此外，东峰还有甘露

池、青虚洞、下棋亭、鹞子翻身等景。西峰是华山最奇峻秀丽的山峰。因峰顶翠云宫前有一大石，状如莲花，故又称为莲花峰。据说神话故事《宝莲灯》中三圣母之子沉香劈山救母之处，就在西峰。西峰顶有一块突兀的巨石，名叫摘星石。峰的西北面笔立如削，空绝万丈，人称舍身崖。北峰又叫云台峰，位于华山东北。此峰山势峥嵘，三面悬绝，只有一岭南通，十分险要。由于它巍然独秀，有如云状，恰似一座云台，故而得名。李白有诗赞曰："白帝金精远元气，石作莲花云作台。"南峰也叫落雁峰，是个一峰两顶的驼形山峰，海拔2160.5米，为华山最高峰。四周遍布苍松翠柏，墨绿葱茂，常有白云相绕。峰顶有老君洞，相传道教始祖老聃隐居于此。洞北有太上泉，俗称仰天池。池崖上镌有明、清和近代诗人的题词。此外，南峰上还有长空栈道、老子峰、炼丹炉、八卦池等胜景。

图4-2【华山远眺】华山高耸屹立在陕西东部华阴市南，北瞰黄河，南接秦岭。《水经注·渭水》说它"远而望之若花状"，故得其名。又因它的西边还有少华山，故又称"太华"。华山素以巍峨雄险、奇拔俊秀著称。"自古华山一条路"，从峪口到山顶，仅南北一线，计程约10千米，逶迤曲折，艰险崎岖。著名的险道有千尺幢、百尺峡、老君犁沟、上天梯、苍龙岭、长空栈道、鹞子翻身等，令人触目惊心，叹为观止。历代诗人赞美华山："势飞白云外，影倒黄河里"，"西岳峥嵘何壮哉，黄河如丝天际来"。有关华山的史话和民间传说故事广为传颂。华山还是一座道教名山，山巅峰谷，处处道观庙宇，在白云缭绕之中，犹如仙境一般。

图4-3【千尺幢】位于青柯坪通往山峰的山道上。它是一条陡而长的石罅，左右挂有铁索，游人全靠拉着两边的铁链上山。除上边一线天光外，周围看不见外景。在几乎笔立的石壁上，凿有260多级石阶，每阶仅容足尖。仰望云际，一线天开；俯视脚下，如临深渊。石阶尽处如同洞口，可谓"一夫当关，万夫莫开"，除此再也没有它路可通，故千尺幢又被称为"太华咽喉"。

图4-4【苍龙岭】由北峰南行，过擦耳崖、上天梯等处，便到了苍龙岭。它南北长1500米，宽仅1米，中间突起，形同鲫鱼背，两旁为深不可测的山谷。它是通往南、中、东、西峰的唯一通道。因山岭坐立，体青背黑，如苍龙腾空，故称"苍龙岭"。相传唐代大文学家韩愈至此，突生恐惧，自度生还绝望，便给家里妻子儿女写了一封遗书，投到岩下，并放声大哭。至今岭端有"逸神崖"，上刻"韩愈投书处"五个大字，以记其事。

杭州西湖

发行日期：1989.11.25

4-1

4-2

4-3

4-4

（T144）

4-1苏堤春晓	8分	2348.15万枚
4-2曲院风荷	10分	2160.15万枚
4-3三潭印月	30分	2182.65万枚
4-4断桥残雪	40分	2049.15万枚
小型张　杭州西湖	5元	1020.00万枚

邮票规格：60mm×30mm

（T144 小型张）

小型张规格：145mm×60mm，其中邮票尺寸：90mm×40mm

齿孔度数：11×11.5度、11.5×11度（小型张）

整张枚数：30枚

版　　别：影写版

设计者：刘向平、杨明义（M）

印刷厂：北京邮票厂

全套面值：0.88元

小型张面值：5.00元

知识百花园

　　杭州西湖，旧称武林水、金牛湖、明圣湖、钱塘湖，唐代始称"西湖"，宋时又叫"西子湖"。据地质学家考证，西湖在远古时代是与钱塘江相通的海湾，后来由于泥沙淤塞，大海被隔断，逐渐形成一个潟湖。经过山泉活水的冲洗和历代人工的疏浚整理，最后演变成现在的西湖。湖体轮廓略似椭圆形，湖周约15千米，水面面积5.66平方千米。湖中有孤山、小瀛洲、湖心亭、阮公墩四岛，湖面的白、苏二堤将西湖分成外湖、里湖、岳湖、西里湖、小南湖五个部分。两湖三面环山，一面临城，景区面积达49平方千米，分布着风景名胜40多处，重点文物古迹30多处。环湖四周，繁花似锦，柳色青青；群山之内，穿插着碧池、清泉和溪涧；

茂林修竹里，掩映着亭榭、楼阁、宝塔和石窟；湖光山色，美丽如画。春日湖堤，桃红柳绿，鱼跃莺唱；夏日湖面，波光潋滟，风送荷香；秋夜赏湖，月印三潭，桂子飘香；隆冬游湖，断桥残雪，梅傲孤山，真是一年四季，昼夜阴晴，皆各有逸趣；天生丽质，美不胜收，堪称人间仙境。而其中最为精彩、享誉最隆的还是"西湖十景"：苏堤春晓、平湖秋月、花港观鱼、柳浪闻莺、两峰插云、三潭印月、雷峰夕照、南屏晚钟、粬院风荷、断桥残雪。此外，尚有"西湖新十景"，即：虎跑梦泉、龙井问茶、云楼竹径、满陇桂雨、九溪烟树、吴山天风、玉泉飞云、宝石流霞、阮墩环碧、黄龙吐翠。这套《杭州西湖》邮票选取"旧十景"中的苏堤春晓、曲院风荷、三潭印月、断桥残雪四处佳景为画面，展现了西湖春夏秋冬四时幽雅的不同风光。

邮票解析

图4-1【苏堤春晓】苏堤俗称苏公堤，是纵贯西湖南北的一条林荫大堤。南起南屏山麓，北接曲院风荷，全长2.8千米。苏堤林木葱郁，百花簇拥，在烟花雾丛中，由南而北隐约地半露着映波、锁澜、望山、压堤、东浦、跨虹六座淡青色的石拱桥，使苏堤更加妩媚多姿。每当春季，漫步堤上，翠柳轻风，碧桃吐艳，春风怡荡，百鸟和鸣，令人心旷神怡。明代诗人张宁描绘苏堤春晓："杨柳满长堤，花明路不迷。画船人未起，侧枕听莺啼。"邮票画面即为春日苏堤生机勃勃的清秀景色。

图4-2【曲院风荷】原名"釉院风荷"。曲院风荷原来的规模很小，现已扩大到300多亩，开辟有五大荷池，分别栽种红莲、粉莲、白莲等各种荷花，并建有楼阁、曲桥、长廊等，成为"芙蕖万斛香"的游览胜地。邮票画面在错落的亭院间，微微湖风吹开片片香荷，展示了夏日西湖特有景致。

图4-3【三潭印月】在西湖小瀛洲"我心相印亭"前的水面上，有三座高两米、身为球状、顶呈葫芦形的石塔，这就是著名的"三潭印月"。石塔初为北宋苏轼开浚西湖后所立的标志，禁止在此周围种植莲藕等水生植物，以防湖泥淤塞。原塔已毁，现存石塔为明代补立。塔身中空，周围有五个圆孔，每当皓月当空，塔里点烛，洞口蒙上薄纸，烛光从中透出，宛如许多小月亮，与天空倒映在湖中的明月相映，景色十分迷人。倘逢晴爽之夜，清风徐来，微波轻皱，月景极为幽美。旧传

湖中有三个深潭，故取名"三潭印月"。邮票画面上，刻画了三潭在秋夜皎洁的月光下，那种饱含诗意的境界。

图4-4【断桥残雪】断桥，位于西湖白堤东端，为白堤起点的第一桥，系一座两侧有青石护栏的独孔拱形长桥。为何名"断桥"，历来众说纷纭，一为"段桥说"，元代一些诗中常出现段家桥、段桥之名，如钱惟善的《竹枝词》："阿姊住在段家桥。"杨维桢的"解貂沽酒段家桥"等，因此，有人认为此桥本来俗称段家桥，后简化为段桥，因谐音以讹传讹为断桥。二为"路终说"，明代田汝成《西湖游览志》上考证："断桥，本名宝佑桥，自唐时呼为断桥。"《西湖志》中描写道："断桥之胜，在春水初生，画桥倒映，带以积雪，则混郎生姿，故以残雪称。"民间传说故事《白蛇传》中，白娘子和许仙即在此相会，更为断桥蒙上了一层浓郁的浪漫主义色彩。邮票画面上，以断桥为中心，典型地再现了冬末春初积雪未消，春水初生，拱桥倒映，混郎生姿的胜景。

小型张【杭州西湖】画面主图为杨明义运用水墨画技法创作的"西湖全景"。在小型张的边饰上，有六首名诗为：唐白居易《春题湖上》："湖上春来如画图，乱峰回绕水平铺。松排山面千重翠，月点波心一颗珠。碧毯线头抽早稻，青罗裙带展新蒲。未能抛得杭州去，一半勾留是此湖。"唐白居易《钱塘湖春行》："孤山寺北贾亭西，水面初平云脚底。几处早莺争暖树，谁家新燕啄春泥。乱花渐欲迷人眼，浅草才能没马蹄。最爱湖东行不足，绿杨阴里白沙堤。"唐白居易《江楼晚眺景物鲜奇吟玩成篇寄水部张员外》："谵烟疏雨间斜阳，江色鲜明海气凉。蜃散云收破楼阁，虹残水照断桥梁。风翻白浪花千片，雁点青天字一行。好著丹青图写取，题诗寄与水曹郎。"宋王安石《游杭州圣果寺》："登高见山水，身在水中央。下视楼台处，空多树木苍。浮云连海气，落日动湖光。偶坐吹横笛，残声入富阳。"宋苏轼《饮湖上初晴后雨》："水光潋滟晴方好，山色空蒙雨亦奇。欲把西湖比西子，淡妆浓抹总相宜。"宋杨万里《晓出净慈送林子方》："毕竟西湖六月中，风光不与四时同。接天莲叶无穷碧，映日荷花别样红。"这六首西湖诗词佳作，从不同角度描绘出西湖之美，其中苏轼一首，更被人誉为"前无古人，后无来者"的名篇。

衡山

发行日期：1990.11.5

4-1

4-2

4-3

4-4

(T155)

4-1大庙巍峨	8分	1611.85万枚
4-2南岳如飞	10分	1735.30万枚
4-3衡山独秀	20分	1751.70万枚

4-4祝融雄峰　　　50分　　1616.50万枚

邮票规格：54mm×40mm
齿孔度数：11度
整张枚数：28枚
版　　别：影雕版
设计者：李德福、杨文清
雕刻者：李庆发、姜伟杰、呼振源、阎炳武
印刷厂：北京邮票厂
全套面值：0.88元

知识百花园

衡山，据《南岳志》载："南岳周围八百里，四雁为首，岳麓为足。它位于湖南省中南部，沿湘江两岸逶迤起伏，有祝融、天柱、鞭蓉、紫盖等72峰。"相传舜帝南巡和大禹治水都曾经过此山。由于它巍峨高峻，给人以威严神秘之感，所以很早便被列入中国的神山系列。汉武帝封五岳，以衡山道远，转奉安徽天柱山为南岳，衡山无闻达600年之久。直至隋文帝才改封衡山为南岳，以后便一直享受历代帝王的祀典，南岳神也多次得到敕封。地位日显尊贵。唐初封为"司天霍王"，开元间封为"南岳真君"，宋代又封为"司天昭圣帝"。魏晋时，这里曾是道教的一统天下。梁、陈年代，佛教开始进山。到了唐代中期，佛教已占压倒优势，道教的地盘多被佛教所取代，南岳的道教从此一蹶不振。如今，南岳尚存大、小佛寺七八处，散布在群峰之中。规模较大的有祝圣寺，在衡山南岳镇东街，建于唐代，为南岳佛教五大丛林之一；福严寺，在衡山掷钵峰下，建于南朝陈光大元年（567）；南台寺，位于福严寺东南，建于南朝梁天监年间（502～519），现日本佛教曹洞宗将其尊为祖庭。而这里道教名观仅存一处黄庭观，在集贤峰下，原为纪念东晋魏夫人而建。魏夫人是东晋时司徒魏舒的女儿，曾在衡山诵经16年。相传她"白日飞升"，成了神仙，历来被人尊为"南岳夫人"。黄庭观始建于唐初，殿内供奉魏夫人像，距今已有1300多年的历史了。衡山胜迹还有邺候书院，位于烟霞峰下，为纪念唐朝宰相李泌而建；忠烈祠，仿南京中山陵建制，为纪念抗日阵亡将士而立；还有会仙桥、磨镜台等，但最具特色的还是堪称衡山"四绝"的"祝融峰之高、藏经殿之秀、方广寺之深、水帘洞之奇"。

这套邮票，作为五岳系列的第三套，以四幅画面展示衡山的自然景观，使人一睹古老南岳的个性及风采。

邮票解析

图4-1【大庙巍峨】南岳大庙，规模宏大，结构精巧，是保存非常完整的古建筑群。它坐落在南岳镇北边，背倚赤帝峰，终日香烟缭绕，庙宇生辉，与群山万壑交相呼应，融为一体。始建于唐开元十三年（725），总面积达98500平方米。以后历代多有修葺、扩建。主建筑正殿又名圣帝大殿，为重檐歇山顶式建筑，高24米，宽43.4米，深23.7米，正面7间，有石柱12根，象征南岳72峰。窗棂、壁板、柱头、栏杆处，均有精美的人物故事、花木、鸟兽雕刻。殿中设有南岳神座位。正殿稍北为寝宫。出寝宫后门，即可登祝融峰。

图4-2【南岳如飞】清人魏源在《衡山吟》中写道："恒山如行，岱山如坐，华山如立，嵩山如卧，唯有南岳独如飞，朱鸟展翅垂云天。四峰各展百十里，环侍主峰如辅佑。"形象地描绘出衡山山势的特征。山体南缓北陡，相对高差大。祝融主峰形似鸟首，周围山峦伸展如翼。每当雾沉云移，轻风习习，山峦和树林，花草、庙宇，一切物象都在茫雾中升腾、变幻、飞舞着，若隐若现，扑朔迷离，更显出跃然欲飞之雄势。

图4-3【衡山独秀】南岳势雄而形秀，地处南亚热带，气候温暖，雨量充沛，植物种类极多，郁闭度很高，山峦叠翠，终年青郁。有相传为朱陵大帝所居的水帘洞，此处又是道家的"第三洞真虚福地"。位居群峰幽谷之中的方广寺，周围涧水潭瀑交鸣，其环境的秀美幽深，因此享有"五岳独秀"之美誉。衡山之秀莫过于藏经殿，该殿又名小般若禅林，位于祥光峰下，是南岳古刹中最为秀丽的殿宇。周围古树参天，满山青翠，方圆1千米内有500多个植物品种，是天然的植物园，景色极为清秀。

图4-4【祝融雄峰】该峰为南岳主峰，位于衡阳市以北49千米的衡山县西，海拔1290米，祝融为中国古代神话中的火神，相传他是黄帝手下的大臣，最善用火而受到人间百姓的拥戴，南岳以其名冠峰顶，也表达心意。从南岳镇南岳大庙出发，至祝融峰巅，全程15千米。

都江堰

发行日期：1991.2.20

3-1

3-2

3-3

（T156）

3-1鱼嘴　　　20分　　2535.7万枚

3-2飞沙堰　　50分　　2525.7万枚

3-3宝瓶口　　80分　　1589.7万枚

邮票规格：52mm×31mm

齿孔度数：11.5×11度

认识邮票中的名胜古迹

整张枚数：40枚

版　别：影写版

设计者：吴建坤

印刷厂：北京邮票厂

全套面值：1.50元

知识百花园

　　邮电部发行这套《都江堰水利工程》特种邮票，主图分别为整修加固后的渠道三大枢纽工程鱼嘴分水堤、飞沙堰坝和内江引水咽喉宝瓶口，三项工程互相制约，相辅相成，共同发挥引水、分洪、排沙的功能，使整个工程协调动作，密不可分。

邮票解析

　　图3-1【鱼嘴】鱼嘴为沙石堆成的分水堤，形似"金"字，故又名"金刚堤"。堤坝顶端扁平呈圆锥状，犹如鱼的嘴巴，故名"分水鱼嘴"。此堤修在江中，把岷江上游一分为二，东面一支为内江，进入成都平原，以灌溉为主；西面一支为外江，流入原来河道，为岷江干流，50年代曾以排洪为主，兼顾灌溉，以后逐渐成为单一的排洪河。在外江的西面开沙黑总河，灌溉岷江以西的农田，兼具水电效应。邮票画面为鸟瞰式取景，反映的是近景工程全貌。上面横跨大江的索桥，是闻名于世的珠浦桥，此桥历史悠久，唐代称作"竹桥"，以后又有"安澜桥""夫妻桥""评事桥"等称呼。1964年索桥重建，改木桥桩为混凝土桥桩，扶绳为钢丝绳，外缠竹篾，以维护旧观。1979年因修建外江闸需要，将木桥下移百米，并增建沙黑河亭。现桥长400多米，宽约3米，飞架内江、外江，同外江闸一道，构成沟通东西两岸的要道。

　　图3-2【飞沙堰】分水堤至宝瓶口之间曾建造三个溢洪道，以拦春水入内江，泄洪水到外江，保持水量的均衡，不至泛滥成灾。第一溢洪道建在鱼嘴分水堤中部，名"平水槽"，因逐渐失效已于1962年报废。第三溢洪道在离堆西侧，名"人字堤"，以洪水过大时，能起到分流作用。最关键的是第二溢洪道，即"飞沙堰"，位于分水堤末端，长180米，宽240米，平均高度2米，系用竹笼装卵石筑成

的低堰。当内江进水量小时拦水入内江，大时则把多余的水及夹带的泥沙石块，漫过堰坝泄入外江。从而，既保证下游宝瓶口所需水量，又在内江河口段进行了大量排洪泄沙。邮票画面为平视式取景，反映了河流的平坦开阔。上面低处建筑为伏龙观；高处从左至右建筑为玉垒关、斗犀台（又名斗犀亭）、望娘亭（原名浮云亭）。玉垒关、斗犀台均属1986年建成的玉垒山公园，园门为仿古牌坊，园里有城隍庙、古城垣等遗迹。斗犀台之名源于传说，李冰治水遭水怪阻挠，他化作犀牛在水中与水怪相搏并将其制服。浮云亭之名则源于杜甫"锦江春色来天地，玉垒浮云变古今"之诗句。

　　图3-3【宝瓶口】宝瓶口是玉垒山伸入内江江心的一个砾岩嘴颈部凿开的引水渠道，长80米，宽20米，高40米，是内江水进入成都平原的咽喉。因其状似瓶口，故名。被斩断而留在江里的山岩，形成小小的孤岛，叫"离堆"，高19米，可起到调节进水流量的作用。进入内江的大量洪水和沙石，通过宝瓶口的控制和离堆的顶托，自然地翻过飞沙堰、人字堤而排入岷江干流。在"宝瓶口"的山岩上，还凿有三个石人，以"竭不至足、盛不没肩"来控制水位。都江堰在渠首分出内外两江后，在宝瓶口以下又一分为二，再二分为四，外江西面的沙黑总河也一分为二，形成排、灌兼用的六大干系，构成了灌溉区系网络的主要骨架。邮票画面上面的建筑物为离堆公园内的"伏龙观"，传说李冰父子制服岷江兴风作浪的孽龙后，将其镇锁在离堆下的伏龙潭中，后人立祠祭祀。北宋时改祠为观，并以潭名。今存者为清代所建，由前向后次第升高，最高处名观澜亭，观内除陈列造于东汉建宁六年的李冰石像外，还有都江堰区电动模型展览，便于游人览古知今。此外，堰区还有一处二王庙，内有李冰父子塑像，表达了后人怀念敬仰之情。

都江堰

恒山

发行日期：1991.7.20

4-1

4-2

4-3

4-4

（T163）

4-1悬空古寺　　20分　　2048.15万枚

4-2恒山雪霁　　20分　　1989.80万枚

4-3北岳恒宗　　55分　　2180.75万枚

4-4 云中胜诉　　80分　　1806.00万枚

邮票规格：54mm×40mm

齿孔度数：11度

整张枚数：28枚

版　别：影雕版

设计者：杨文清、李德福

印刷厂：北京邮票厂

全套面值：1.75元

　　北岳恒山，亦称太恒山、元岳、紫岳、恒宗和常山。它西起雁门关，东接太行山，南障三晋，并瞰云、代二州，横跨晋、冀两省，东西绵延200多千米，号称108峰，高低错落，莽莽苍苍，横亘塞上，巍峨耸峙，气势雄伟。其主峰居于山西浑源县西南，海拔2017米，山高为北岳之冠。天峰岭和翠屏峰，是恒山主峰的东西两峰，双峰对峙，浑水中流。徐霞客赞曰："伊阙双峰，武夷九曲，俱不足拟也。"古往今来，以奇险雄踞天下。据考证，此处在远古时代是个大湖泊，历经造山运动，地面上升，形成了山脉。恒山由寒武纪奥陶系石灰岩构成，由于构造运动强烈，断块隆起，沟谷切割较深，峰峦均呈尖形；再加上控关带水，地势愈加险要，因此，恒山自古以来，便是山西高原与华北平原之间的重要通道和兵家必争之地。西汉飞将军李广、唐初骁将尉迟恭、明初大将徐达、清初摄政王多尔衮，都曾在这一带挥兵鏖战，建功立业。

　　传说四千多年前，舜帝北巡至此，见山势险峻，峰奇壁立，遂封恒山为北岳。秦始皇时，朝封天下十二名山，恒山被推崇为第二山。汉武帝进行神山封禅活动时，再次确认恒山为北岳。司马迁在《史记》，便有"北岳，恒山也"的记述。历代帝王，多亲临或派使臣去恒山朝圣。文人墨客，雅士名流，如李白、贾岛、元好问、徐霞客等等，均去游览抒怀，留下吟诵诗文。另外，从汉代起，还有北岳为河北曲阳一说，至今，曲阳县还有一座建于北魏时期颇具规模的北岳真君庙。清代顺治帝为此曾下诏，祭北岳必去浑源恒山，作为定论。西汉初年，恒山就建有寺庙。明、清时已经寺庙群居，规模很大，人们称之为"三寺四祠九亭阁，七宫八洞十二庙"。经历风雨沧桑，至今仍存有较大寺庙十余处，如恒宗朝殿、北岳寝宫、魁星阁、三清殿、悬空寺等，这些庙宇多依山势而建，或高耸危崖，或幽嵌石窟，或独立险峰，或巧附绝壁，构成了恒山古建筑奇险玄幻之特色。恒山又因其地理位置和历史原因留下了许多关隘、古城堡、烽火台等古战场遗迹，形成了恒山人文景观不同于其他四岳的突出特点。恒山古有"十八景"之说，均各具特色，如悬根松，又称"四大夫松"，形状奇特，别具风韵；紫芝峪，草木丛生，曲折幽奇，峪内有灵芝生长；苦、甜井，两井南北相距仅一米，而水味各异，甜井深数丈，井水取之不竭，可供万人饮用。还有产生在这里特定环境和时间中的自然奇观，如金鸡报晓、五羊游云、岳顶松风、夕阳返照等。登恒山，从浑源县城出发，东南行四千米，即进入幽深的金龙峡谷，此处峭壁侧立，石夹青天，最窄处不足三丈，自古便为绝塞天险，交通要冲。北魏时，道武帝发兵数万，在此壁山凿道，作为进退中原的门户。宋代时，杨业父子曾在这里凭险据守，抵御外族入侵。从金龙峡谷再上，便到"石门峪口"，从这里可望西壁山腰的悬空寺，越小桥，攀栈道，游览悬空寺。而后向南，登梯式栈道，即到恒山水库大坝，从坝顶向东，过隧道，约行两千米，有一分道口，往北便是通主峰的山道。沿山道而上，经大字岭、望仙亭，来到一个陡峭路口，此处因狂风起时声若虎啸，而得名"虎风口"。其前面的"果老岭"，相传我国神话中古代道教八洞神仙之一的张果老，便是在这里隐居潜修后骑驴升天的。岭东有一险峰，传说有姑嫂在此投崖成仙，故名"舍身崖"。又因此处夕阳西下，云成紫雾，缭绕岩前，景色瑰丽，而称"夕阳岩"。过果老岭就到了恒宗朝殿，它是恒山最高最大的建筑，建于明弘治年间。大殿正中的神龛里，端坐着头戴天平冠、身披朱绫袍的北岳大帝。山门两侧为青龙、白虎殿，殿前廊下有记述恒山历史的数十块石碑。朝殿周围还有会仙府、御碑亭、文昌阁、纯阳宫、九天宫、十王殿、琴棋台、连云谷等景观。从朝殿继续向上，便到了恒山绝顶，从这里，可尽览恒山群峰逶迤、地阔天低的壮观景色。

这套《恒山》特种邮票，为五岳名山系列邮票的第四套。

邮票解析

图4-1【悬空古寺】建于北魏后期，距今有1400多年的历史。整个建筑群有大

小殿宇楼阁40余间，其间有栈道通连。寺内有三教合一的释迦、老子、孔子殿，以及数十尊铜铸、铁铸、泥塑、石刻的佛像。悬空寺建于南北走向的金龙峡内，建筑者在高约200米的近乎垂直的崖壁上，充分利用了风化造成的深不过十米、长约40～50米的凹槽这一特殊空间，倚岩作基，就崖起屋，将建筑物与悬崖凹壁密切结合起来，可谓构思奇巧，布局险峻，造型独特，为建筑史上所罕见。该寺历经千余年，饱经沧桑风雨，却依然安然无恙，关键在于其所处的特殊位置，一是由于峡谷幽深，免去日光之暴晒；二是建在崖壁凹处，免受雨水冲刷；三是周围为岩峰所阻，免去狂风沙石袭击，减少风化侵蚀等。再者，悬空寺为佛、道、儒三教一体的宗教场所，历代无论信奉何教，均重视对其保护修缮。还有不可忽视的是我国古代建筑高超的工艺水平及对力学原理的科学利用，体现出悬空寺建设者的智慧和才能。邮票画面上，以低角度的仰视取景，建筑群依险峻的山势，高低错落，垒石为基，就崖起屋，悬柱撑持，倚壁而立。尤其是中间那座楼阁下的三根长长的支柱，直插底部岩缝，把悬空古寺险峻、奇幻、绝妙的特色，生动、真实地再现了出来。

图4-2【恒山雪霁】邮票画面为全景式构图，以俯视角度取景，表现出恒山雄浑起伏的山势和瑞雪初晴后的沉静、厚实的冬景图。

图4-3【北岳恒宗】走进恒山，越过金龙峡谷、石门峪口、磁窑口和恒山水库大坝，远远望去，只见弯弯曲曲的恒山古道上，一座耸天峭岩，突兀挺立，在山峰峭壁之上，鬼斧神工般刻着"恒宗"两个大字，这就是我国现存最大的石刻字，即恒山大字岭石刻。字高23米，宽13米，如天庭悬匾，笔力遒劲，气势磅礴，大有顶天立地之势。据考，该石刻始凿于明成化三十年，距今已有500多年的历史，字迹仍完好如初。邮票画面上，运用特写的表现手法，以仰视角度取景，使绝壁上的"恒宗"二字格外醒目，画面下部和右上方弥漫的云雾，更使山峰烘托得磅礴、雄浑；"恒宗"更加辉煌、神圣；山峦更显粗犷、伟岸。

图4-4【云中胜迹】位于恒山主峰对面山崖间的飞石窟，为恒山十八景之一。窟前有"云中胜迹"碑，说明此处的高险。这里原是一处因垂直崩塌而造成的凹壁，北岳寝宫就坐落在这形似缺了一壁的竖井底。寝宫建于北魏，为旧日恒山主庙。窟内还建有后土夫人庙。窟口古松苍郁，花草繁茂，环境险中有幽。邮票画面上，采用俯瞰的手法，表现出高耸的山峰、参天的古树和掩映在凹处的北岳寝宫。山岩上升腾的浓云，烘托出恒山的高峻；蜿蜒的台阶小道，显出山崖间的险峻。

承德避暑山庄

发行日期：1991.8.10

3-1

3-2

3-3

（T164）

3-1万壑松风	15分	2178.7万枚
3-2水榭环碧	20分	2155.7万枚
3-3青枫绿屿	90分	1744.2万枚
小型张　澄湖叠翠　无暑清凉	2元	1242.0万枚

邮票规格：52mm×31mm

（T164 小型张）

小型张规格：130mm×70mm，其中邮票尺寸：90mm×40mm

齿孔度数：11.5×11度、11.5度（M）

整张枚数：40枚

版　　别：影写版

设计者：肖玉田

印刷厂：北京邮票厂

全套面值：1.25元

小型张面值：2.00元

知识百花园

　　承德位于河北省东北部，原称"热河"，集我国古典园林"南秀北雄"之大成的避暑山庄便坐落在这里。这所清代皇家宫苑，又称"热河行宫""承德离宫"，即是皇帝离开京城之后，临时居住之所。这座中国现存最大的皇家园林，面积达560万平方米，相当于两个颐和园或八个故宫。从康熙四十二年（1703）开始修建，到乾隆五十五年（1790）完成主要工程，历时80多年。1711年，康熙以四字题名"烟波致爽"等36景；1754年，乾隆又以三字题名"丽正门"等36景，合计72

景，基本上概括了避暑山庄全部景观的精华。

为了宣传中华民族的灿烂文化，邮电部发行了这套《承德避暑山庄》特种邮票。设计者选取山庄中最有魅力、最富特色、最具代表性的景点入画，兼顾宫殿区、湖泊区、山峦区、平原区等各景区，通过四幅画面，大体概括出山庄全貌。

邮票解析

图3-1【万壑松风】万壑松风为宫殿区的代表景点。宫殿区，在山庄南部，是清代皇帝处理政务和居住的地方，主要有正宫、松鹤斋、万壑松风和东宫四组建筑。正宫位于宫殿区的最西边，一条中轴线上顺序排列着丽正门、避暑山庄门、澹泊敬诚殿、四知书屋、烟波致爽斋和云山胜地等主要建筑。其中，澹泊敬诚殿是正殿，为七间卷棚歇山式建筑，全部由楠木构制，不施彩绘，保持淡雅的特色，这里是举行隆重大典的地方；烟波致爽斋是皇帝的寝宫，为一座面阔七间的建筑；松鹤斋，在正宫东面，有大殿七间，当年慈禧太后垂帘听政即是从这里开始的；万壑松风，在松鹤斋后面，由万壑松风、鉴始斋、静佳室等几座建筑组成，此处踞岗临湖，回廊环绕，四周苍松掩映，松涛阵阵，老干虬枝，曲蟠似铁，康熙经常在此读书，批阅奏章，接见官吏；东宫，在正宫东面，现仅存遗址。新修复的卷阿胜境坐落湖畔，在此可坐览湖区风光。

图3-2【水榭环碧】水榭环碧为湖泊区的主要景点。湖泊区位于宫殿区北面，是山庄风景的中心。湖沼总称塞湖，现有水面480亩，被洲岛切割为澄湖、如意湖、长湖、镜湖等。湖岸草木繁茂，自然曲折，湖面上分布着月色江声、如意洲、青莲岛、金山等十余个大小不同的洲岛。邮票画面上，近处为一殿阁，掩映在垂柳之中，上书"环碧"二字；远处为建于石砌岸上的三座并列的重檐亭，远看宛如一只精雕细刻的游船，此即水心榭，碧水涟涟，澄澈可鉴；水乡泽国，视野辽阔，初步展示了湖泊区的风貌。画面上的柳色青青，颇为婀娜多姿，给湖区增添了无限风采。

图3-3【青枫绿屿】青枫绿屿为山区的典型景点。山区，位于山庄西部，占整个山庄面积的80%。山峦呈西北至东南走向，山内谷幽溪碧，峰回路转。山区原有多处古建筑，今已不存。著名景点青枫绿屿，在松云峡北岭，为一座面南的殿堂。此处多枫树，"叶茂而美荫，其色油然"，夏天"浅碧浓青，天山一色"，故名

"青枫绿屿"。"入秋经霜，万叶皆红，丹霞竞彩"，又是一番景色。在山庄的四个高峰上，还分别署有锤峰落照、四面云山、南山积雪、北枕双峰四亭。它们居高临下，从不同角度俯瞰着全园的风光。另外，山庄还有千余亩的平地，位于湖区以北，东界宫墙。西北依山，它分为万树园和试马棣两部分。万树园在东部，原来古木参天，绿草如茵，麋鹿出没，极富山林情趣，现存建筑仅有永佑寺舍利塔。试马棣，在万树园西，原是一个很大的赛马场。清帝每年去围场狩猎前，都要先在此考较蒙古王公大臣们的骑射技艺。此处尚有一处文津阁，是一座建筑精巧，明为二层，实为三层的藏书楼，颇负盛名。

小型张【澄湖叠翠无暑清凉】图案仍以湖泊区为主，把如意洲上依次排列的无暑清凉、延薰山馆、水芳岩秀三重建筑纳入画面。无暑清凉一带，长廊环抱，红莲满塘，长堤曲折，绿树掩映。还有如意洲西北青莲岛上的烟雨楼，是仿嘉兴南湖的烟雨楼而建的二层楼阁。突兀于澄湖之中的金山，是山庄最高的观景点，主体为三层的上帝阁，是仿镇江金山寺而建。

避暑山庄正门匾额

认识邮票中的名胜古迹

长白山（T）

发行日期：1993.9.3

（1993-9）

4-1长白山天池	20分	5753.7万枚
4-2长白山高山苔原	30分	5303.2万枚
4-3长白山瀑布	50分	5314.7万枚
4-4长白山针阔混交林	1元	5349.7万枚

邮票规格：52mm×31mm

齿孔度数：11.5×11度

全张枚数：40枚

版　别：影写版

设计者：黄华强

印刷厂：北京邮票厂

全套面值：2.00元

知识百花园

长白山位于吉林省东部延边朝鲜族自治州安图县中朝接壤边界，南北长约310千米，东西宽约200千米。山体系火山岩锥体，其主峰白头山海拔2749米，是中朝两国的界山之一。山顶雪季达九个月之久，北坡积雪终年不化，故名长白山。唐时称太白山。金时始称长白山，满语叫"果勒敏（长）珊延（白）阿林（山）"，俗称老白山或白山。它是鸭绿江、图们江和松花江的源头，也是驰名中外的自然生物宝库和旅游胜地。那里群峰林立，逶迤连绵，天池幽深清澈，瀑布银河天落，温泉星罗棋布，林海郁郁葱葱，那奇特的火山地貌，垂直的自然景观和稀有的生态系统，展示了从温带到极地的不同风光。长白山有着丰富的自然资源，那里仅锥管束植物就有1300多种，药用植物900多种，野生脊椎动物300多种，矿物60多种，是一座天然的"自然博物馆"。长白山景色绮丽，雄伟壮观，其自然生态尚处在原始状态，是中国乃至欧亚大陆北半部最具有代表性的自然综合体，可见长白山具有极高的科学价值和保护价值。为此，1960年吉林省人民政府决定建立长白山自然保护区，即以长白山天池为中心，包括安图、长白、抚松三县交界处的玄武岩台地、玄武岩高原和火山锥体三部分，共约2000平方千米的区域。1961年建立了保护局。1979年中国科学院在此设立了长白山森林生态系统定位站。1980年被联合国教科文组织列入"人与生物圈"自然保护区网。1988年吉林省第七届人大常委会第六次会议审议通过了《吉林省长白山国家级自然保护区管理条例》，把长白山自然资源的保护管理、科学研究及旅游开发，纳入了法治轨道。

这套《长白山》邮票上的四幅画面，比较全面地反映了长白山的地形、地貌和植物分布，表现了山体不同高度的不同景观，体现了这座北方名山特有的雄浑壮阔和冷峻神圣的面貌。

邮票解析

图4-1【长白山天池】位于长白山主峰白头山顶，为火山口长年积水而成。长

白火山于1597年首次喷发，其后于1688年和1702年又喷发两次。今日之长白山，并非已熄火山，而是休眠火山，天池形似莲叶，南北长4.4千米，东西宽3.37千米，水面面积9.82平方千米，平均水深204米，最深处达373米，水面海拔约为2190米，是我国最深、海拔最高的火山湖，又是中朝两国的界湖。天池又名龙潭、温凉泊、图们泊。"图们"为满语中"万"之意，即是说天池乃是鸭绿江、松花江、图们江这"三江"的万水之源。图们江，朝鲜称豆满江，因江中多有火山石漂流如豆而名。天池主要靠大气降水和雪水补给水源。周围有16座陡峭的山峰环抱，我国境内的白云峰为东北第一高峰。朝鲜境内最为著名的是将军峰，其次是鼻柳峰。在两国边界线上耸立的还有卧虎峰、梯云峰、玉雪峰等。天池犹如群峰之上的圣潭，每年七八月风和日丽之时，天池澄澈如镜，映着碧空的流云和高山上的雪景，使人顿生豪迈神圣之感。转瞬间乌云蔽日，急雨如豆，又给人带来一丝茫然和惊惧。迷离的水汽，缥缈的云雾，遮掩和笼罩着晶莹的湖面，显示出其固有的壮观神秘和变幻无穷。大池边上，还有补天石、鳌鱼石、祭天石和放鹤台等历史遗迹，使这里更具有永恒的魅力和迷人的色彩。

图4-2【长白山高山苔原】位于长白山海拔2000米以上的高山地带。这里常年低温、潮湿、多风、多云，即使是盛夏季节，积雪也是终年不化，具有北极风光的特点。由于自然条件严酷，树林已经消失，只有低矮的小灌木丛和多年生的草本植物，以及地衣、苔藓之类，使人倍感荒凉。但每年六七月间，苔原带杜鹃花盛开，铺天盖地，绚丽多彩，别有一番灿烂景象。而秋天到来，整个苔原殷红似火，犹如偌大的人工地毯，也是生机盎然。在这样恶劣的环境里，还有不少顽强的生命在与自然抗争搏斗。此地特有的长白柳，在海拔2500米以上的山坡上贴着地皮艰难地生长。高山鼠兔具有老鼠和兔子的相貌，而叫声却像飞翔的野鸟。还有白腰雨燕飞掠穿行于群山万壑之间，把巢就筑在悬崖峭壁之上。长白山是亚洲大陆唯一具有高山苔原的山地。

图4-3【长白山瀑布】天池北侧天豁峰和龙门峰之间，有个缺口，名闼门，池水经此泻出外流，形成乘槎河。该河流至海拔1250米处，顺断崖飞流直下，形成垂直落差68米的大瀑布，它就是著名的长白瀑布。其日夜轰鸣，涛声震谷，如银练悬天，云翻雪倾，偶有细雨过后，彩虹折射，更具千番美景，蔚为壮观。清末曾任安图县令的旅行探险家刘建封有诗赞曰："白河两岸景清幽，碧水悬崖万古留。疑似

龙池喷瑞雪，如同天际挂飞流。不须鞭石渡沧海，直可乘槎间斗牛。欲识林泉真乐趣，明朝结伴再来游。"飞流直下的瀑底水潭深约20米，从水潭涌出的激流，顺大峡谷奔腾而下，成为二道白河的源头，进而成为第二松花江的发源地。在距瀑布约900米处的二道白河右岸，便是长白温泉。在温泉区约1000多平方米内，有多处热气弥漫的温泉口，水温都在60℃左右，最高可达82℃，四季不变，水中含有多种有益于人体健康的矿物质，对关节炎、皮肤病等有显著疗效，来此游览者多想一试温泉浴。

图4-4【长白山针阔混交林】属于温带典型的针阔混交林植被，分布在海拔500～1100米之间。这一地带降水丰富，气候温和，植物生长繁茂是动物休养生息的最佳区域。常绿针叶树红松，高达30～40米，是木质极优、用途极大，在本地带具有代表性的植物。长白松，又名美人松，其挺拔的橘黄色树干，苍翠而稀疏的针叶，婀娜多姿的树冠，构成亭亭玉立的美人姿态，是长白山特有的树种。还有落叶松、鱼鳞松、紫杉等。阔叶树，有椴树、春榆、蒙古栎、水曲柳、胡桃楸、山杨、白桦等。灌木有毛榛、五加、忍冬、卫茅、悬钩子、蔷薇等。混交林下，草本和藤本植物更是多姿多彩：山茄子、棉马、木贼、蕨等，漫山遍野；山葡萄、狗枣子、软枣子、五味子、木通等，常常缠绕在乔木和灌林之间；还有人参、黄芪、桔梗、大黄等药材；野苏子、猴头蘑、松蘑、银耳等食用菌以及可供园林栽培的金达莱、百合花、牛皮杜鹃等观赏植物等等。在针阔混交林带，乔林、灌木和草本植物层次分明，形成了交错生长、形态万千的植被综合体。这一地带也是野生动物的天然乐园，紫貂、金钱豹、东北虎、梅花鹿等国家一级保护野生动物常在这里出没；黑熊、野猪、獐、狍、猞猁、水獭、山兔、鸳鸯、戴胜、啄木鸟、野鸡、大杜鹃、三宝鸟及各种山雀也生活在这里；哈什蚂、细鳞鱼、哲罗鱼等也活跃在这一带的冷水中。特别是林中鸟类，绝大多数是森林害虫的天敌，成为"森林卫士"，构成了长白山生态系统食物链上的重要一环。

武陵源（T）

发行日期：1994.9.25

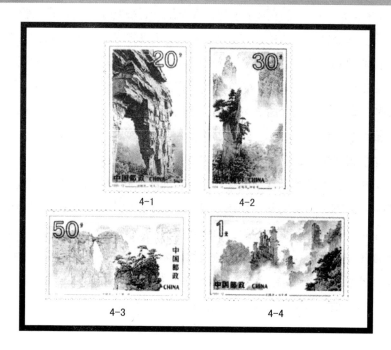

（1994-12）

4-1南天门	20分	10039.75万枚
4-2神堂湾	30分	3705.75万枚
4-3天下第一桥	50分	5015.75万枚
4-4御笔峰	1元	3697.75万枚
小型张　十里画廊	3元	2903.16万枚

（1994-12 小型张）

邮票规格：（1、2图）31mm×52mm；（3、4图）52mm×31mm

小型张规格：135mm×80mm，其中邮票尺寸：54mm×40mm

齿孔度数：12度

整张枚数：40枚

版　别：胶版

设计者：许彦博

印刷厂：辽宁省沈阳邮电印刷厂

全套面值：2.00元

小型张面值：3.00元

知识百花园

　　武陵源位于湖南省张家界（原大庸市）境内，由张家界国家森林公园、索溪峪、天子山三个相连的自然风景区组成，总面积390平方千米，海拔最高1334米，最低262米，年平均气温为15℃左右。由于地质变化和水流切割作用，洪荒时期这里就形成了罕见的砂岩峰林峡谷地貌，石峰、石桥、石门、石洞纵横交错，鬼斧神工；山、水、林、禽、兽随处可见，同生共荣，构成一幅奇特的大自然山水画卷。

1992年12月，武陵源被联合国教科文组织列入《世界自然遗产名录》。这里有被世人称为一绝的黄龙洞、鸳鸯瀑布、金鞭溪、索溪；也有意境幽深，风光旖旎的森林公园。武陵源的峰林，以及由此而形成的天门、天桥，是世界罕见或武陵源所独有的，是其独特风光的精华。因此，设计者抓住了武陵源不同凡响的自然景观，选取最有光彩、最具特色的五个景点，构成了这套令人瞩目的邮票画面。

邮票解析

图4-1【南天门】我国不少风景区有南天门。张家界黄石寨上有西天门，也有一个南天门，天子山有个东天门。在索溪峪景区内，与回音壁相距约300米处，有一高达百米，宽200米，厚约8米的板状巨石，横亘于登山游道之上，巨石下方天然洞开一门，宽16米，高约10米，形成一个自然的通道。游人自索溪峪上天子山，或从天子山下索溪峪必经此门。门洞四周，藤蔓攀附，杂树野花簇拥。常有云雾缭绕其间，游人至此，大有飘然欲仙之感，石门方位朝南，故名南天门。奇特壮观堪称武陵源一绝，是天下至今所知的所有南天门不能比拟的。邮票画面所展示的南天门是由上而下、由北向南所选取的巍巍雄姿。

图4-2【神堂湾】神堂湾在索溪峪与天子山两个风景区交界处，有一个半圆形幽冥洼地，深不可测，每逢晦雨阴雾天气更令人恐怖万分。于缺口外向湾里望去，峰石嵯峨，阴气森森，即使艳阳高照，亦变化多端，或祥云缭绕，或雾气弥漫，时而风声凄凄，时而鹰猿哀啼，景象扑朔迷离，神秘而不可测，至今尚无人敢去涉险。故此神堂湾依然是一块禁地，是武陵源奇怪不解的一绝。邮票画面所表现的仅是神堂湾边缘上的一个小侧面，其真实面貌还有待于开发挖掘才能展露。

图4-3【天下第一桥】武陵源茫茫的峰林之中，有三座大自然建造的天桥，奇伟险绝，世上少有。在张家界国家森林公园腰子寨游览线东一千米处，实为一横卧的山峰，因中部岩石崩落而形成一硕大桥孔，名曰天桥。由于它海拔达1150米，相对高度也有20余米，跨度近30米，峰高桥亦高，加之常年处在云遮雾罩之中，故每每登临，不觉心旷神怡，精神振奋，一览众山小。与天桥相比，仙人桥就显得更加神奇，由黄山松和杜鹃花掩映着的仙人桥，位于天子山风景区老屋场游览线上，相对高度约70米，跨度20余米，桥面宽1.5米左右，桥身厚1～2米不等，桥的两头有自然形成的石级，胆量大的游人可上去行走，飘若天仙，别有一番情趣。邮票画面

所表现的天下第一桥，其气势壮观，举世无双，是前者所不能比拟的。它位于张家界风景区砂刀沟游览线上，自砂刀沟上袁家界至中坪"观桥台"，眺望对面千米之外，一座气贯如虹的天然石桥凌空飞架于两峰之巅。石桥相对高度近400米，跨度约50米，宽3米，厚5米，鬼斧神工，浑然天成。桥上灌木丛生，岩松杂立，桥下幽谷中石笋林立，浮云缥缈，气象万千，不能不叫人叹为观止。

图4-4【御笔峰】位于天子山风景区内，为武陵源著名的绝境景观，是第一流姿色的峰林。站在石家檐最东面一幢古老的昂脚楼前，向西南面眺望，可见幽谷中无数错落有致的秀峰直指蓝天，其中有三峰并列，形成倒托的"玉笔"，民间传说这是向王天子的御用笔架，故此得名。御笔峰别有一番风韵，每当日照霞染之时，熠熠生辉，蔚为壮观；云雾晦暝时，则山陷峰潜，变化无穷，真乃朝夕各异，各有神韵。邮票画面即表现了御笔峰的这种特色。

小型张【十里画廊】十里画廊位于索溪峪风景区内，长约五千米。两岸林木葱茂，野花飘香，奇峰林立，千姿百态，像一幅巨大的山水画长卷。沿途有转阁楼、寿星迎宾、两面神等十余处主要景点，令人眼花缭乱，目不暇接。小型张画面描绘的是十里画廊入口处的山水自然景观，不用边饰图案，采用全景彩照，约占小型张面积的60%。邮票图案安排在左下部，这种设计给人以邮票贴在摄影明信片上的效果。彩色照片与钢笔水彩画绘制的邮票相辉映，宛如一张美丽的明信片，是其独特之处。

武陵源风景名胜区

认识邮票中的名胜古迹

109

武夷山（T）

发行日期：1994.9.30

（1994-13）

4-1玉女峰	50分	2440.7万枚
4-2九曲溪	50分	2440.7万枚
4-3挂墩	50分	2440.7万枚
4-4高山草甸	50分	2440.7万枚

邮票规格：52mm×31mm

齿孔度数：12度

整张枚数：40枚（4种横式联印）

版　别：胶版

设计者：邹建军

印刷厂：北京邮票厂

全套面值：2.00元

武夷山风景名胜区，位于福建武夷山市南15千米处，面积约70平方千米，海拔1500米。相传尧时有一位姓彭名祖的老人，带着儿子彭武、彭夷来此居住，兄弟二人凿山引水，堆石成峰，遂成风景胜地，得名武夷山。这里地貌奇特（为红层丹霞地貌），风光秀丽，"三三"碧水萦绕，"六六"奇峰耸峙，堪称福建第一名山，亦有"奇秀甲于东南"之美誉。主要景点有九曲溪、三十六峰、七十二洞和九十九岩等300余处，集奇、险、秀、幽、野于一体。登高而望，千崖万壑，群峰错列，云雾缥缈，飞瀑如带，山回溪折。武夷山也是一座文化名山，其文化渊源可上溯到4000年前。"东周出孔丘，南宋有朱熹，中国古文化，泰山与武夷"。秦汉以来，这里就成为方士羽客的栖息之地；唐朝时，被列为名山大川之一，道书上谓为"十六洞天"；宋又称为"道南理窟"，宋代理学家朱熹在此著书、讲学，生活达40余年，目前这里建有规模很大的朱熹纪念碑。历代名人李商隐、陆游、辛弃疾、柳永、徐霞客、戚继光等吟咏武夷山的诗章有200多篇（首）。境内还有诸多文物古迹，如冲佑万年宫（武夷宫）旧址，朱熹讲学的紫阳书院（武夷精舍）旧址，悬崖隙洞中的千年虹桥板和架壑船棺，元代的御茶园旧址，历代摩崖石刻，还有大王峰、玉女峰、天游峰、接笋峰、小桃源、水帘洞、流香涧、一线天诸胜。山中盛产色艳、香浓、味醇的岩茶，其中"大红袍"尤为名贵。武夷山还是革命老区，附近有1942年赤石暴动旧址。而其自然保护区则位于崇安、建阳、光泽三县交界处，面积570平方千米，区内山高林密，动植物资源极其丰富，这里的大片原始森林和良好的植被，为各种生物的生存、繁衍，提供了优越的生态环境。其森林覆盖率达92%，已定名的植物有1800多种，昆虫5000多种，鸟类300多种，两栖类33种，爬行类73种。珍稀树种有钟萼木、紫杉、银杏、香榧、木莲、红豆杉、鹅掌楸等；珍稀动物有角怪、猕猴、金猫、华南虎、猎尾鼠、马鹿、蜂鸟、白蝙蝠、云豹、草鹗、四条腿的泥鳅等，被称为"世界生物之窗""鸟的乐园""蛇的王国""昆虫的世界"。1988年10月被联合国教科文组织列入"人与生物圈"自然保护区网。

这套《武夷山》特种邮票，选取四个最具特色的景点，以联印票形式，全景贯通，山水相连，云雾相接，一气呵成。

图4-1【玉女峰】玉女峰位于九曲溪的二曲溪南，山峰突兀挺拔，岩面秀润光洁，峰顶草木簇生，宛如山花插鬓、亭亭玉立之少女，故名。此峰与大王峰隔岩相峙，其间横亘一堵黛色岩石，名铁板嶂。峰下有浴香潭，传说是玉女沐浴之处；右侧有一圆石叫镜台，为玉女梳妆之所。相传大王、玉女互爱，因铁板嶂从中阻梗，被永远隔开，只好凭借镜台，泪眼相望，因此，铁板嶂被骂为铁板鬼。邮票画面表现的是从武夷宫看玉女峰轻盈娟秀、美如仙女的娇姿，一带平静的溪水，倒映着"玉女"的秀容。

图4-2【九曲溪】九曲溪发源于三保山，经星村流入武夷山，绕过三十六峰，折为九曲，到武夷宫前汇入崇溪，盘绕山中约9.5千米。宋李纲诗："一溪贯群山，清浅萦九溪；岩边列岩岫，倒景侵寒绿。"勾勒出水中看山的妙趣。游览九曲山水，乘竹筏从星村顺流而下，或从武夷宫溯流而上，时而掠过浅滩，急浪飞溅，忽又泛游澄碧深潭，波平如镜，只半日光景，可尽览两岸千峰竞秀，满载山光水色，别具妙趣。邮票画面是从天游峰俯瞰的九曲溪，远景的笔架峰、双乳峰；中景的响声岩、丹炉岩；近景的陷屏峰，玉华峰以及登天游的石级，构成了一首气势恢宏、逶迤连绵的交响诗。

图4-3【挂墩】是黄冈山下的一个自然村。黄岗山为我国东南大陆的最高峰，海拔2158米。1873年，一位法国天主教神父首开到挂墩采集动植物标本之先河。此后，一批批生物学家接踵而至，在世界生物界中，挂墩已成为生物王国的代名词，被誉为研究爬行和两栖动物分布的钥匙。邮票画面上的挂墩，山涌千层青翡翠，座座竹楼陷其间，山高林密，瀑布飞悬，显示了浓郁的原始气息。

图4-4【高山草甸】为黄冈山森林植物的最高一层。其余自上而下的植被层为高山苔藓矮曲林、针叶林、针阔混交林、常绿阔叶林。黄冈山的植物区系处在一个新老兼有、东西相连、南北贯通的关键位置，不仅有泛北极植物区典型科属种，又有古热带植物区系的成分，同时还是中国—日本森林植被的核心部分，是世界研究东部森林植物区系成分的不可多得的理想基地。邮票画面展现了高山草甸的特有风貌。

长江三峡 （T）

发行日期：1994.11.4

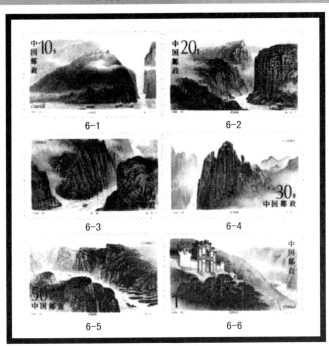

6-1

6-2

6-3

6-4

6-5

6-6

（1994-18）

6-1白帝城　　10分　　3984.1万枚

6-2瞿塘峡　　20分　　9377.7万枚

6-3巫峡　　　20分　　7776.7万枚

6-4神女峰　　30分　　4880.9万枚

6-5西陵峡　　50分　　5148.9万枚

6-6屈原祠　　　1元　　3915.3万枚

认识邮票中的名胜古迹

113

小型张

小型张　长江三峡　　5元　　　3059.4万枚

邮票规格：50mm×30mm

小型张规格：140mm×78mm，其中邮票规格：120mm×40mm

齿孔度数：12度

整张枚数：32枚

版　　别：影写版

设计者：杨文清、李德福

印刷厂：北京邮票厂

全套面值：2.30元

小型张面值：5.00元

知识百花园

　　长江，这条奔腾呼啸于十个省、自治区、直辖市的雄浑巨川，是我们华夏大地上的一大奇观。在川鄂交界处，莽莽群山挡住了长江的去路，于是滚滚巨流劈开了崇山峻岭而一泻千里，冲出了一条曲折幽深的峭壁长廊，这就是举世闻名的长江三峡。1984年，它就被列入了国家邮票发行计划，后来因计划调整而没能发行。随着大规模三峡改造工程的上马，这一选题于1993年重入计划，考虑到三峡工程建成之后，许多景观将不复存在，因此，方寸之间，"立此存照"，则更有一种文献的价值。设计者在六幅邮票和一枚小型张中，运用中国画散点透视的技法，在写实的基础上予以高度的艺术概括，使三峡豪迈气魄尽显画中。

邮票解析

图6-1【白帝城】在重庆奉节县城东4千米，扼瞿塘峡西口的长江北岸。"白帝城高三峡岭"，杜甫的名句道出了其位置的险要。相传为公孙述所建。唐以前为公孙述祠，明代称之为三功祠，清始改名为白帝寺，今存寺庙系清康熙后重修。邮票画面，着力描绘其背倚高山，前临大江，红墙碧瓦掩映于古木苍峰之中的景致，点染出李白诗中"朝辞白帝彩云间"的那种诗情画意。

图6-2【瞿塘峡】瞿塘峡西起白帝城，东至巫山县大宁河口，全长33千米，其中白帝城至大溪间为狭谷段，长8千米；大溪至大宁河口为大宁宽谷，长25千米。瞿塘峡以雄奇险峻著称，两岸峻岭连绵，高耸入云；临江一侧，峭壁千仞，宛若刀削；大江南北，白甲、赤盐，两山对峙、雄伟壮观；山高谷窄，仰视碧空，云天一线。峡中水深流急，江面窄处不及百米，波涛汹涌，奔腾呼啸，令人惊心动魄。邮票画面以夔门关紧锁一江春水，门下万流簇拥的景象，尽显"两控巴渝收万壑，东连荆楚压群山"的险峻磅礴。

图6-3【巫峡】巫峡西起四川巫山县大宁河口，东至湖北巴东县官渡口，全长约40千米。西段称金盔银甲峡，东段称铁棺峡。巫峡风光以山奇水秀、绮丽多姿著称，人们颂之为"巫山七百里，巴水三回曲"，"石出疑无路，云开别有天"。巫山12峰，皆在巫山县内，又主要集中在青石岭一带，屏列于南北两岸，鬼斧神工，各具特色。江北岸集仙峰下，有石壁临江，俗称孔明碑，刻"重崖叠嶂巫峡"六字，传为诸葛亮所书。还有箭穿洞熔岩奇观、抗日锁峡炮台等，也是巫峡中令人幽思不绝的游览去处。邮票画面，取其峡长谷深、云腾雾绕、江流曲折、奇景相接的特色。

图6-4【神女峰】神女峰系巫山12峰之一，位于四川巫山县东的巫峡北岸。由于巫山12峰各具风姿，人们分别命名为：登龙、圣泉、朝云、望霞、松峦、集仙、飞凤、翠屏、聚鹤、净坛、起云、上升。其中望霞峰每天第一个迎来朝霞和送走晚霞，故此得名。又因其峰顶上兀立着一个人形般的石柱宛若少女，亭亭玉立，故

又名神女峰。城东原有神女庙，后改为凝真观，邮票画面只见游云轻纱般地掩来浮去，隐隐约约地勾勒出"神女"的纤腰素手，妩媚身姿，以云遮雾绕赋予其飘逸、神秘之感。

图6-5【西陵峡】西陵峡西起巴东县官渡口，东止宜昌南津关，全长126千米（其中峡谷段42千米）。这里风光明丽，雄伟壮观。峡内有兵书宝剑峡、牛肝马肺峡、崆岭峡、黄牛峡、灯影峡、青滩、泄滩、崆岭滩、蛤蟆碚等名峡险滩和黄陵庙、三游洞、陆游泉等古迹。峰峦夹江壁立，峻岭悬崖横空，江流曲折回环，奇石嶙峋，飞泉垂练，苍藤古树，翳天蔽日。从前水下礁石林立，险滩密布，浪涛汹涌，水势湍急；自东口葛洲坝建成后，呈现出"高峡出平湖"的景象。邮票画面可使人感受其怪石嶙峋、滩多流急的险象，进而体会那种"滩声过洞杳无见，峡影衔天皆欲来"的境界。

图6-6【屈原祠】屈原祠位于长江北岸湖北秭归县城东1.5千米处的向家坪。相传战国时大诗人屈原因不能实现其政治抱负投汨罗江死后，有神鱼将其尸体驮回他的故里秭归，在城东五里安葬，该地遂名"屈沱"。屈原祠始建于唐元和十五年（820），宋、元、明、清，屡圮屡修，后改名"清烈公祠"，两侧题"孤忠""流芳"字样。1978年迁至今地复建，计有山门、大殿、左右配房等建筑。山门为牌楼式，高14米，四柱三楼。大殿系钢筋混凝土结构，按明代木构建筑手法设计，崇台高耸，翠瓦飞檐，十分壮观。殿后有屈大夫墓，系后世营建的衣冠冢。背依崇岭，前临大江，每逢端午佳节，有五彩龙舟竞渡江心，盛况空前。邮票画面正是以"泪水怀沙千古遗恨，归山枕岫万世流芳"的陵联为内涵，借重重松柏，点点红橘，烘托出祠庙的白墙和屈原高洁的品格，在庄严肃穆之中，寄托了人们对诗人的怀念之情。

小型张【长江三峡】长江三峡为居西的瞿塘峡、居中的巫峡、居东的西陵峡的总称，是长江中最为险要壮观的地段。它西起重庆奉节白帝城，东迄湖北宜昌南津关，跨奉节、巫山、巴东、秭归、宜昌五县市，全长204千米。这三个气势磅礴、雄壮峥嵘的大峡谷，音容不同，变化各异，排空出世，魅力天成。其中，瞿塘峡，陡壁悬崖；巫峡，秀丽幽深；西陵峡，滩多水急。狭谷地段，群山笔立，崔嵬摩天；宽谷地段，江面开阔，逶迤蜿蜒；如一条巨龙，滚滚东去。小型张以细密的构图，精微的刻画，全景式地展现了长江三峡的百里长卷，笔法酣畅，色彩浓重，构图恢宏，意境深广。

鼎湖山 （T）

发行日期：1995.2.18

4-1

4-2

4-3

4-4

（1995-3）

4-1北回归线上的绿洲 　15分 　2667.75万枚

4-2沟谷雨林 　20分 　4199.75万枚

4-3季风常绿阔叶林 　20分 　4199.75万枚

4-4白鹇 　2.30元 　2601.75万枚

认识邮票中的名胜古迹

117

邮票规格：52mm×31mm

齿孔度数：12度

整张枚数：40枚

版　　别：胶版

设计者：王振华

印刷厂：河南省邮电印刷厂

全套面值：2.85元

知识百花园

鼎湖山本名顶湖山，因山顶端有湖四时不竭而得名。相传黄帝曾在此铸鼎，故又名鼎湖山。位于广东肇庆市东北18千米处，方圆数百里，由鼎湖、凤来、三宝、鸡笼、青狮、伏虎等十余座山峰组成。主峰鸡笼山海拔1000米，此处峰峦叠嶂，怪石嶙峋，峭壁凌空，飞泉吐玉，属岭南四大名山之一。鼎湖山林木繁多，生态多变，风景区内寺庙林立，流水潺潺，美妙多姿的飞瀑随处可见。这里海拔最低处仅有28米，是北回归线上的一座绿色宝库。1956年成为新中国成立以后的我国第一个自然保护区。1979年被联合国教科文组织列入"人与生物圈计划"在我国发展的首批自然保护区。我国生态系统台站网络也将它列为重点台站，成为中外科学家瞩目的森林生态系统研究基地。

鼎湖山自然保护区内的生物资源异常丰富，在面积为17000亩的土地上，有4000多亩是天然林，分布着1800多种高等植物，其中列入我国植物红皮书的有12种，如材质特硬，人称"铁木"的国家二级保护植物格木，在这里已形成一个小群落；以鼎湖山为标本产地和以此山命名的有30种，如鼎湖钩樟、鼎湖血桐、鼎湖冬青、鼎湖杜鹃等，林中的黑沙椤、苏铁蕨等都是珍贵古老植物，其他资源植物数量也很多，如材用植物320多种，油脂植物70多种，淀粉植物40多种，纤维植物110多种，鞣料植物60多种，药用植物900多种，野生果蔬20多种等。由于保护区内食源丰富，环境多样，为动物运动栖息和繁殖提供了理想的场所；因而动物的种类和数量也很多，其中兽类38种，鸟类178种，两栖动物11种，爬行动物27种，昆虫已鉴定出681种（内有蝶类117种），其中有22种动物已被列为国家重点保护对象。微生物资源同样很丰富，仅大型真菌就已鉴定出537种，大部分具有食用和药用价值。

为向世人展示我国这一亚热带森林自然保护区，提高人们对大自然的认识，增强返璞归真意识，从而更加珍惜、爱护、重视大自然的保护和研究，而发行了这套《鼎湖山》特种邮票。

邮票解析

图4-1【北回归线上的绿洲】邮票画面为一幅鼎湖山位置的航拍地图。北回归线地带，几乎全是荒漠和稀树草原，如非洲的撒哈拉大沙漠，沙特阿拉伯的内夫得沙漠和鲁卜哈利沙漠，均在北回归线上下移动，人们称之为"回归沙漠带"。这是因为北回归线附近一般属东北信风带。这种从高纬流向低纬的信风，随着向南移动，温度逐渐升高，相对湿度相应降低，便不容易形成降水，因此，气候干燥，形成了热带荒漠，其沙质地面便形成了沙漠。但由于海陆分布和地形的影响，鼎湖山所在的华南地区因临近太平洋，从海洋吹来的湿热季风带来了丰富的雨量，因而使这里孕育了茂盛的季雨带。只可惜这一带的原始森林大部分遭到破坏，仅有这鼎湖山硕果独存，还保留着具有400多年历史的低地季风森林植被，成为一个极其珍贵的活标本。

图4-2【沟谷雨林】沟谷雨林主要分布在山地海拔700～800米以下的谷底和坡脚，多呈连续分布，面积不大，分布地段地形狭窄，光照较少，气温稍低，雨量较多，多云雾，湿度大，是向亚热带常绿阔叶林过渡的一种湿润性热带森林。植物组成丰富，外观终年常绿，可分为二至三层乔木层、灌木层和草木层。乔木上层高20至30米，树冠不连接，下层主要是灌木和幼龄乔木。活地被植物则为草本和蕨类，还有大量的苔藓和地衣。鼎湖山沟谷雨林色调多样，乔木的板根和茎花现象较为常见。为突出这一景观，邮票左下角画了一棵沙椤，这是鼎湖山古老孑遗植物之象征；右方有高大的鱼尾葵和亚热带雨林特有植物扁藤及密密麻麻的其他树木，中间用瀑布和小溪分开，以层次分明的构图来体现其内涵。

图4-3【季风常绿阔叶林】季风常绿阔叶林这是由栲属和原壳桂属的种类为共建种及其他常绿阔叶树组成的常绿阔叶混交林。主要分布在海拔800米以下的丘陵、台地，具有向热带植被过渡的性质。其组成中含有比典型常绿阔叶林更多的热带成分。森林外貌呈深绿色，林冠整齐，树冠呈半球形，郁闭度达0.9以上。森林

结构复杂，乔木层可为二至三层，灌木层一至二层，草木层一层。上层乔木优势种较突出，以亚热带种类为主，下层乔木和灌木组成种类复杂，热带性种类较多，草本层多为较高大的草本植物。藤木和附生植物丰富，板根、茎花、绞杀等现象随处可见。所有特征均显示了这类群落具有由亚热带常绿阔叶林向热带雨林过渡的性质。邮票画面上用中远景来透视这一景观的秀丽风貌，山峰下明代修建的庆云寺古刹云烟缭绕，隐隐约约，格木林及藤种植物乔鹊花分布左右，上方是郁郁葱葱的常绿森林景观，突出了季风雨林的特点。

图4-4【白鹇】 白鹇亦称银雉、白雉、银鸡、山鸡，国家二级重点保护野生动物，广东省省鸟。在动物分类中属鸟纲，鸡形目，雉科，是一种非常美丽的野雉。雄鸟体长1.2~1.4米，头上的长冠及下体全部纯蓝黑色而有光泽，上体和两翼白色，并布满整齐的V字形黑纹。尾长，中央尾羽纯白。头的裸出部分和足均红色。雌鸟通体橄榄棕色，枕冠近黑。常栖深山密林间，尤喜上面枝叶茂密，地表灌木和草丛较少的环境，以利行走、觅食和逃避敌害，从不到旷野开阔地去活动。以各种嫩叶、草根、种子、蕨叶、苔藓和昆虫为食，喜吃白蚁，利于森林保护。一般每年4月间开始繁殖，经过争斗，一雄配多雌，营巢于灌木丛间的地面凹处，每年只产卵一窝4~8枚，由雌鸟孵化，雏鸟长到三个月左右，即可独立。国内分布于西南、华南各省，尤以云南为多，常被驯养，供展览。由于雄鸟羽毛美丽，原邮票图稿上画着两只雄鸟，后经专家指出，白鹇喜成双成对出现，于是画稿改为一雌一雄，既符合其生活习性，也完整地展示了这一珍贵动物。

鼎湖山风光

太湖 (T)

发行日期：1995.7.20

5-1

5-2

5-3

5-4

5-5

(1995-12)

5-1 太湖·洞庭山色	20分	5248.1万枚
5-2 太湖·鼋渚春涛	20分	5105.7万枚
5-3 太湖·蠡湖烟绿	50分	3139.3万枚
5-4 太湖·寄畅清秋	50分	3264.1万枚
5-5 太湖·梅园香雪	230分	2681.7万枚
小型张　太湖·包孕吴越	500分	2172.4万枚

邮票规格：50mm×30mm

小型张

小型张规格：122mm×82mm，其中邮票尺寸：90mm×60mm

齿孔度数：12度

整张枚数：32枚

版　　别：影写版

设计者：范扬

印刷厂：北京邮票厂

全套面值：3.70元

小型张面值：5.00元

知识百花园

　　横跨江浙两省的太湖，是我国五大淡水湖之一，古称"具区"，又称"震泽"，别名"五湖"，其水域面积2420平方千米，古称三万六千顷。湖边峰峦列屏，湖中岛屿散布，水天一色，横无涯际。历代相传湖中有72峰，其中以"洞庭西山""马迹山"为最大，其余诸山，大者数千米，小者不足一千米，隐现水面，真可谓湖中有湖，山外有山，"山不高而清秀，水不深而辽阔"。其重点风景区位于江苏省无锡、苏州两市，及其所辖的宜兴、无锡、吴州市、吴江、常熟等五县（市）境内，规划面积888平方千米，含十三个景区及两个独立景点，而鼋头渚、三山、蠡园则是体现太湖美的绝佳景处。

邮票解析

图5-1【太湖·洞庭山色】以描绘洞庭东、西两山秋色佳景为邮票画面。洞庭东山是太湖最大的半岛，位于苏州西南30千米的吴州市境内，岛畔山环水绕，港湾屈曲；岛上幽谷深坞，群峦叠翠，且漫山花果，盛产枇杷、杨梅、白梨、黄梨、福橘、蜜橘等，而碧螺春茶更驰名中外。西坞的紫金庵罗汉雕像，东山镇光明雕花大楼，都极为精巧别致，令人目不暇接。洞庭西山，在东山西北，是太湖最大的岛屿，面积62.5平方千米。岛南石公山是太湖胜景之一，山上有归云洞、夕光洞、一线天等胜迹。近年在岛西修复了林屋古洞，曲折幽深，钟乳石千奇百怪，闻名遐迩。

图5-2【太湖·鼋渚春涛】以鼋头渚的春色为邮票之主图。太湖的主景区梅梁湖，是太湖北半圈伸入无锡所形成的袋形水湾，其精华地段的南犊山，有状若鼋头的山渚突入湖中，故名"鼋头渚"。这里依山傍水，远眺波光帆影，近览庭园桥亭，山水妩媚，气象万千，有"湖光鱼龙跃，山阴草木香"之美景。登上鼋头渚72峰山馆，小南海等处，可从不同角度观赏万顷太湖之风光。鼋渚涛声是鼋头渚一大特色，若遇风和日暖，微波丝丝，涛声则轻缓流畅，和谐而有节奏；如遇狂风怒号，浊浪滔滔，则轰然巨鸣，犹如万马奔腾。

图5-3【太湖·蠡湖烟绿】以五里湖（蠡湖）畔蠡园夏季的晴红烟绿盛景作邮票的画面。蠡湖是太湖的内湖，得名于春秋时期越国大夫范蠡偕美人西施在此泛舟的传说。清代的钱国珩有诗赞之"湖上青山山里湖，天然一幅辋川图"。蠡湖景区的主景点蠡园，原为渔庄和蠡园两个园林，1952年建千步长廊，把两园合为一处，成为江南著名的水景园林。该园三面环水，以水饰景，假山真水相映成趣，建筑多傍水、贴水、压水而构，千步廊壁嵌苏轼、米芾等书法砖刻；四季亭东西相向，南北对称，亭边分别种植春梅、夹竹桃、金桂、蜡梅等四季花树，春夏秋冬，鲜花常开。

图5-4【太湖·寄畅清秋】以展现寄畅园典雅秀丽，幽静清远，独擅山水之胜的江南园林秋容为邮票的图案。寄畅园是太湖风景区"锡惠景区"的主景点之一，坐落在无锡惠山东麓，南邻南朝480寺之一的"惠山寺"遗址，由北宋著名词人秦观的后裔于明朝中叶以后修建，距今已近500个春秋。明朝正德年间，兵部尚书秦

金在原有僧房基础上，垒山凿池，点缀花木，营造别墅，取名"凤谷行窝"。后为秦跃继承，清初秦德藻加以改筑，增添幽谷深涧，引进二泉之水，园得水而活，日臻完美。秦跃系东林党人，官场失意，罢官回家，心情郁闷，便寄情山水，将园名改为"寄畅园"。该园以借景、引泉、掇山、理水见长，建筑洗练，以少胜多，在江南园林中独树"山麓墅园"之一帜。清帝康熙、乾隆各六次南巡，每次均幸此园，很受赏识。今北京颐和园中的"谐趣园"即是乾隆以寄畅园之格局仿建。站在寄畅园的"七星桥"头，隔着清池"锦汇漪"，太湖明珠——无锡的风水宝塔，即锡山之巅的龙光塔，被借景入园，到了"霜叶红于二月花"的深秋，这座驰名中外的古典园林，尤擅一种苍凉廓落的韵致，令人陶醉。

图5-5【太湖·梅园香雪】以梅园晚冬的梅雪争胜，暗香活动之香雪海美景为邮票图案。梅园在江苏无锡市西南，北背龙山，南临蠡湖，与鼋头渚隔水呼应。亭、台、宝塔，错落有致。园内植梅树近4000株，早春花发冲寒怒放，山翠梅艳，风光旖旎，是久享盛誉的东南著名赏梅胜地。"琼枝小雪天，分外精神好"。又擅"四面有山皆入画，一年无日不看花"之情趣。清芬轩外有荷池，楠木厅前种有桂花，夏日荷花开放，中秋桂子飘香，更显出梅园清幽古雅。梅园是荣毅仁副主席的父亲、著名民族工商业家荣德生与其兄荣宗敬两人，于1912年在清初徐殿一进士的小桃园故址上始建的，1913年后先后购地150亩，植梅千余株。在次年建屋三间，名"香雪海"，并疏浚研泉。1915年，荣德生自书"梅园"和"洗心泉"，并进行刻石。1955年荣毅仁按父亲遗愿，将梅园献给国家。

小型张【太湖·包孕吴越】以鼋头渚的绝佳美景为小型张主图。晚清无锡知县、巴州谬伦于光绪辛卯年（1895）正月初八，与范孟养、余成之、倪子威、钱叔严、钱海泉泛舟太湖于横云石壁，顿觉这里气势雄伟，便欣然命笔题书"包孕吴越""横云"，镌刻于这横云陡峭石壁上。这"包孕吴越"的摩崖石刻，以胸贮2400平方千米汪洋，纵横2400年历史的如椽之笔，高度概括了太湖的自然与人文之美，突出了这里雄伟的境界，为太湖风景区最得体的点题之作。仅从自然风光看，这里是南犊、中犊、后湾、大箕、小箕诸山绕水屏列所形成的黄金水湾。其间，鼋头渚和大箕山夹水呼应，更有以灵气、秀气、仙气著称的三山岛，处于该水湾视轴线的中心位置。因此，该处以山水组合特别紧凑、特别宜人而成为太湖风景区的精华所在。

少林寺建寺一千五百年 （J）

发行日期：1995.8.30

（1995-14）

4-1少林寺山门　　　20分　　　5249.25万枚

4-2少林寺塔林　　　20分　　　5249.25万枚

4-3众僧徒习武　　　50分　　　3149.25万枚

4-4十三僧救秦王　　100分　　2601.75万枚

邮票规格：40mm×30mm

齿孔度数：12度

整张枚数：50枚

版　别：胶版

设计者：李德福、杨文清

印刷厂：河南省邮电印刷厂

全套面值：1.90元

知识百花园

　　少林寺，位于河南省登封市西12.5千米的中岳嵩山西麓少室山阴五乳峰下。寺前溪水潺流，双桥并列，静谧而幽深；寺内古柏苍翠，银杏擎天，殿宇轩敞，满壁题记；殿堂之上，香烟缭绕，时有钟鼓之声，僧着袈裟，礼拜诵经；院内常有寺僧伸掌握拳，耍刀弄棒，演练少林功夫；中外游客，络绎不绝，给这个千年古刹，增添了无限春意。

　　少林寺以建在少室丛林中而得名，又称"少林禅寺"或"大少林寺"，北周时曾一度改名为"陟岵古寺"。该寺始建于北魏太和十九年（495），是孝文帝元宏为安顿印度沙门跋陀在此落迹传教而敕建。孝明帝孝昌三年（527），印度婆罗门种姓摩诃迦叶的第28代佛徒菩提达摩来此，广集信徒，传授禅宗，历史上称达摩为初祖，称少林寺为祖庭。唐初，少林寺和尚因助李世民讨伐王世充有功，受到唐王的封赏。据《登封县志》记载，少林寺在唐宋期间，拥有田地1400多亩，楼台殿阁5000余间，占地面积36万平方米，僧徒达1000多人，成为驰名中外的大佛寺，赢得"天下第一名刹"的美名。唐朝的皇帝、皇后，经常驾临少林寺，武则天曾亲制《大唐天后御制诗书》碑。少林寺受到皇家的恩宠，进入了一个全盛时期，寺院重新续建，殿堂雕梁画栋，佛地园林扩大。唐末至五代，少林寺遭到严重破坏。宋金时期，三教合流，少林寺得以恢复。元朝时，又在少林寺大兴土木，使之焕然一新。元末，少林寺遭受火灾，又受严重破坏。明末进行了较大规模的修整工程，现在少林寺的基本布局和主要殿宇，多为此时重建。清初至中期，又在少林寺修了一些殿堂。到了清末民国，少林寺日趋衰败。新中国成立后，从1979年起，拨专款进行整修，使其以古老的历史、威武神奇的少林武术和秀丽的风光，名扬天下。

为纪念少林寺建寺1500年，作为河南省的地方选题，邮电部发行了这套纪念邮票，以四幅画面展现了少林寺的主要景观和悠久历史。

邮票解析

图4-1【少林寺山门】少林寺山门为少林寺现存主要建筑之一，由正门和东西两个掖门组成。中间的正门建筑在两米高的砖台上，是一座面阔三间的单檐歇山顶建筑，红墙绿瓦，方门圆窗，朱檐雕梁，气宇轩昂，四支飞檐犹如振翅欲飞的大雁，左右配以硬山式侧门和八字墙。门前砌有17级高的青石台阶，台阶两侧是一对高约两米的大石狮，为明代刻立。石狮周围，古柏参天，郁郁葱葱。山门外有石坊两座，东西对称，形制相同。这座山门重建于清雍正十三年（1735），1974年落架翻新如初。门额上方悬有清康熙四十三年（1704）清圣祖玄烨题写的"少林寺"三个金字的黑漆方匾，高90厘米，宽193厘米，笔力圆润刚劲，在"林"字上方雕有九厘米见方的"康熙御笔之宝"印玺。山门内的弥勒佛仰坐龛中，笑意盈盈，山门后的甬道两旁为排列有序的四行碑石，称作"碑林"，"大半出自名人笔"，镌刻着唐宋以来著名书法家苏轼、米芾、蔡京、赵孟頫、董其昌等人的真迹。

图4-2【少林寺塔林】少林寺塔林建于少林寺西约500米处许的少溪河北岸的山脚，占地面积约12000平方米，为少林寺历代主持和素负盛名高僧的墓地。史籍记载，这里原有大小佛塔500余座，现存自唐至清千余年的砖石墓塔240余座，其中唐塔两座、宋塔三座、金塔十座、元塔46座、明塔148座、清塔十座、其他题记不清者二十余座。塔的大小规模、高度、层数、直径等均是按照死者生前的地位、佛学的修养程度、徒弟的多少、威望的高低和寺内当时的经济状况等条件修成的。造型各异，风格多样，为我国最大的塔林建筑群，是研究我国古代砖石艺术和雕刻、绘画艺术的宝库。其中日本僧人邵元撰写的照公和尚塔（建于1339年）塔铭及天竺和尚就公塔（建于1564年），是我国对外文化交流史上的重要实物资料。

图4-3【众僧徒习武】少林武功，素负盛名，这是历代少林僧众勤学苦练的结晶。走进少林寺山门，穿过碑林，尽处便是天王殿，殿内有四大天王像。少林寺的主体建筑大雄宝殿，雕梁画栋，金碧辉煌。后面石阶之上，便是历代主持居住的方丈室，幽雅清静。方丈室后面的达摩亭，供奉着达摩铜像，存放着经卷，各种仪仗、祭器、乐器等。千佛殿是少林寺最后一座殿堂，坐落在宽大月台上，气势雄

伟，殿内东、西、北墙壁上有大型彩色壁画，即五百罗汉朝毗卢，线条洗练，形象生动，据考证系明代作品。殿内砖砌地面上，有排列成行、深约20厘米的陷坑，这是历代僧徒长年习武而踩下的脚窝遗迹。在千佛殿东，就是白衣殿，殿内有壁画多幅，左山墙上为徒手心意拳、六合拳对练；右山墙上是僧徒手持各种器械对练。邮票画面即取自这里的"寺僧徒手搏斗图"，12对僧徒对练，招式刚劲，形态生动；石阶上主持、方丈在督察指导，构图栩栩如生。

图4-4【十三僧救秦王】邮票图案亦取自白衣殿内的壁画。唐朝成立之初，原隋朝大将军王世充称帝，国号为"郑"，继续与李唐政权相抗衡。620年7月，李世民挥师征讨，此时，王世充在嵩洛屯驻大兵，实力相当雄厚，又占据了原属于少林寺的柏谷坞庄园，构成了威胁。因此，当李世民到洛阳讨伐被王世充和窦建德围困时，少林寺以昙宗为首的十三僧下山救主，生擒了王世充的侄子和部将王仁则，使李世民脱险取胜，立了大功。战后，昙宗被封为大将军，其余12人被赐紫罗袈裟，又赐封少林寺大片土地，使少林寺名扬四海。少林寺内至今尚存有《秦王告少林寺主教碑》，上面刻着李世民登基后给少林寺僧徒的敕封圣旨，赞扬他们救驾助战的功绩，背阴还刻有十三僧的名字和封号。

少林寺正门

九华胜境 （T）

发行日期：1995.10.9

6-1

6-2

6-3

6-4

6-5

6-6

（1995-20）

认识邮票中的名胜古迹

6-1天台晨曦	10分	2601.75万枚
6-2百岁禅宫	20分	5081.85万枚
6-3肉身宝殿	20分	5195.75万枚
6-4祇园夕照	50分	3027.75万枚
6-5大鹏听经	50分	3105.75万枚
6-6凤凰古松	290分	2609.75万枚

邮票规格：（1、3、4、6图）50mm×30mm；（2、5图）30mm×50mm

齿孔度数：12度

整张枚数：40枚

版　　别：胶版

设计者：朱曙征

印刷厂：辽宁省沈阳邮电印刷厂

全套面值：4.40元

知识百花园

　　九华山为我国四大佛教名山之一，位于安徽省青阳县内，东临太平湖，南依黄山，北眺长江，景区面积达120平方千米。其原名"九子山""陵阳山"，自唐代大诗人李白云游至此并留下"昔在九江上，遥望九华峰""妙有分二气，灵山开九华"的诗句之后，更名为九华山。

　　此山宗教活动历史悠久，道教在先，佛教更盛。据记载，唐代开元年间，新罗国（今朝鲜）僧人金乔觉渡海而来，在九华山苦修数十载，于贞元十年（794）七月三十日，99岁时圆寂，其肉身置石函中三年不腐，骨节有声，如撼金锁。《藏经》说："菩萨金锁百骸鸣，知其为圣人降世也。"从此，九华山辟为地藏应化道场，香火日盛，明清时"香火之盛甲天下"，有"莲花佛国"之称。

　　九华山有99峰，其中千米以上者20余座，擎天拔地，高出云表，最高的十王峰，海拔1342米。水有五溪，境内遍布幽谷、深潭、飞瀑、流泉，摩崖石刻，80余座建筑各异的古刹梵宇，依山就势，攀岩附壁，分布在翼翼群峰、潺潺溪涧之间，日日晨钟暮鼓，夜夜诵经念佛，庙堂内庄严肃穆，山道边檀香浮动，步入九华山界，宛如置身佛国仙境。这里气候温和，雨量充沛，年平均气温16℃，一年四季，景色宜人。1979年，九华山正式对外开放，1982年被列为国家重点风景名胜区，至今政府已对九华山累计投资达1亿多元，并对其进行了全方位的规划、建设改造。

邮票解析

图6-1【天台晨曦】天台峰又称天台正顶，海拔1325米。九华山最高处的寺庙地藏寺即坐落于此。寺的正对面是十王峰；左侧是龙头峰，其上有平台，约20平方米，台上有捧日亭，亭六角形，前立铁鼎，有铁栏环护；右侧是千尺绝壁，前人有"石梯云折断，松涧水飞还"绘其险，有"从此置身千仞上，不须别处觅蓬莱"述其境。相传金乔觉初到九华山曾在此修炼，故凡来者均到此观光朝拜，有"不上天台，等于没来"之说。从地藏寺往后几十米处为"云峡"，有巨石两块，并立为门，下宽上窄。从岩隙仰视，蓝天一线，故又名"一线天"。"天台晓日"为九华十景之一，拂晓前，伫立捧日亭上，远瞩东方，天际微明，幻出无数条暗红色长带，慢慢扩散，只见云海茫茫，苍山点点，瞬间，一轮红日，喷涌而出，霓霞弥漫，金光满天。南宋左丞相、诗人吴潜有诗赞曰："一莲峰簇万花红，百里春风涤晓风。九十莲花一起笑，天台人立宝光中。"

图6-2【百岁禅宫】百岁禅宫又名万年禅寺，位于九华山摩空岭上，依山而建。殿宇建筑面积2850平方米，含99.5间房舍，颇壮观巍峨。上下五层楼阁，曲折相通，可容五千人。东壁以悬崖为基，西临九华峡谷，形势险峻。宫前有石碑记载，明万历年间，河北宛平僧人海玉（字无瑕），云游五台山和峨眉山后，"爱九子之灵气，慕地藏之宗风"，来到这个莲花佛国，在摩空岭结茅而居，名摘星庵，长年以野果为生，戒律清严，修行刻苦，并用指血写经书数部，寿110岁圆寂，人称"百岁公"。其肉身三年不腐，被寺僧装金供奉，改摘星庵为"百岁宫"。崇祯三年（1630）敕封为"应身菩萨"，并扩建庙宇，御题"护国万年寺，钦赐百岁宫"。1983年，其肉身被重新贴金，他写的血经珍藏在九华山历史文物馆。

图6-3【肉身宝殿】肉身宝殿位于神光岭头。现存殿宇为清光绪年间整修，建筑面积705平方米，高15米，红墙森森，顶覆铁瓦，四周回廊石柱环卫，重檐斗拱，画栋雕梁，面阔三间，进深16米，地铺汉白玉石，殿内中央为1.8米高的汉白玉塔基，上矗七层八方木质宝塔一座，高17米，每层每方均设有佛龛，供奉着地藏佛像。塔两侧有十王立

像拱侍，塔内是地藏肉身所在的三级石缸。殿前石阶81级，殿后半月形瑶台，台上列铁鼎，称"布金胜地"。这座"殿中有塔、塔中有缸、缸中有肉身"的建筑结构独具特色，实属罕见。1992年，九华山管理处与佛教协会将该殿重新拆建，基本上保持了原来的面貌。

图6-4【祗园夕照】祗园寺坐落在九华山化城寺东插霄峰西麓，又名祗树庵、祗园或孤独园。据说释迦牟尼在世时，所住之处既不称寺，也不称院，而称精舍或园，所以后人把祗树庵改为祗园寺。始建于明嘉靖年间，清咸丰时毁于大火，同治年间重修，光绪年间，又扩建了大雄宝殿。此寺规模之大，为九华山四大丛林之首，主要建筑有灵宫殿、弥勒殿、大雄宝殿、客堂等九座单体殿宇，前为宫殿式，后为民居式，建筑面积5157平方米，为九华山最大的寺庙建筑群。走进寺院山门，首先映入眼帘的是哼哈二将，威立两厢；二进门有四大金刚塑像；三进门便是主体建筑大雄宝殿，巍峨雄伟，规模居全寺院之冠，也是山上唯一的宫殿式庙宇。砖石粉墙，琉璃铺顶，结构精巧，回旋曲折，殿首进门楼宽五间，高三层，门头三层檐廊，梁栋周围饰以彩绘，内容为玄奘取经、水漫金山、渭水垂钓等故事；殿中供奉着三尊大佛，大佛后面为海岛、观音斗鳌鱼等佛教故事的塑像。祗园寺背依摩空岭，置身翠峦葱岭之间，殿宇威严高大，寺庙气派轩昂，每当夕阳西坠，回望一片朦胧，轻烟缭绕，变幻莫测，给整个祗园寺带来几多神秘，几许娇娆。

图6-5【大鹏听经】相传金乔觉曾在天台峰下的古拜经台诵经，为此僧人建寺以为纪念，名为"大愿庵"。该寺为一组狭长的建筑群。殿为三进，有大雄、地藏等殿，从大雄宝殿上石阶十余步即到金乔觉诵经遗址。寺外有鹰峰，又名"大鹏听经石"，俗称"老鹰爬壁石"。它是一块高约20多米的巨石，下临深渊，从侧面看，酷似一只巨大的老鹰紧贴岩壁，两翅和尾羽收缩，双眼紧闭，犹如正凝神倾听经文，有传说此石原为一只作恶的苍鹰，只因听经而感悟，弃恶从善，终成正果，化作奇石，永久留在此山。

图6-6【凤凰古松】此松位于中闵园回龙桥北侧，传为神僧怀渡手植，距今已1400余年。高1.68米，胸径0.99米。枝分三股，中间一股突起，曲形前冲，如凤凰翘首；一股微曲平缓而下，似凤尾垂地；另一股斜伸微翘，分为两枝，似凤凰展翅。据专家考证，此松为台湾松，"凤凰"鹤立，不同凡响。清代礼部尚书吴襄称之为"天下奇松"。当代著名画家李可染叹其为"天下第一松"。

嵩山（T）

发行日期：1995.11.10

4-1

4-2

4-3

4-4

（1995-23）

4-1 中岳古庙	20分	3146.7万枚
4-2 嵩门待月	50分	3041.1万枚

认识邮票中的名胜古迹

133

4-3嵩林晴雪　　60分　　2615.5万枚

4-4嵩山如卧　　1元　　　2769.5万枚

邮票规格：54mm×40mm

齿孔度数：11度

整张枚数：28枚

版　　别：影雕版

设计者：李德福、杨文清

雕刻者：呼振源、阎炳武、李庆发、姜伟杰

印刷厂：北京邮票厂

全套面值：2.30元

知识百花园

　　五岳，是我国古代以中原为核心，在东、南、西、北、中五个方位上选定的五座名山的简称。五岳制始于汉代，当时的五岳为东岳泰山、西岳华山、南岳天柱山、北岳大茂山、中岳嵩山。隋文帝时将南岳改为衡山，明代时又把北岳改为恒山，自此，五岳便固定下来，一直沿用至今。现在，随着《嵩山》邮票的问世，"五岳"均已走上方寸。

　　嵩山，古称外方，属伏牛山系，是方山山脉的一部分，东西横卧，绵延60余千米。地跨新密、登封、巩义、偃师、伊川等地，主体部分位于河南登封市西北。在先秦时代，嵩山被认为是座沟通天地的神山，夏、商、周三代的帝王，都曾在嵩山祭祀天帝，以宣示自己是受命于天的天子，祈求神灵的福佑。认为嵩山是神山，古籍中多有记载。《国语·周上》："昔夏之兴也，融降于崇（嵩）山。"融，即祝融，传说中的火神。《诗·大雅·崧山》也有"维岳降神"之说。《汉书·武帝纪》载道：汉代元封元年春，武帝登嵩山，吏卒们听到三呼万岁的声音，后来诗文中祝颂帝王，高呼万岁称"嵩呼"，又叫"山呼"。嵩山还有许多名称，除"外方"外，夏商时称崇山、崇高山、崧山、崧高山；西周时称岳山，周平王东迁洛阳后，因"嵩位中央，左岱（泰山）右华（华山）"；为"天地之中"，称之"中岳"；秦汉时称嵩高、嵩岳；三国时称嵩陵；晋时称嵩丘；唐时称嵩室，武则天天册万岁元年（695）封禅时改中岳为神岳；北宋以来，均称中岳嵩山。嵩山包括太室山、少室山、八风山、安坡山、君子山、万金山、马铃山、荟萃山、讲山和箕山等，但主要由太室山（1440米）和少室山（1512米）组成。两山巍然高耸对峙，直插云霄，两山各有36峰，主要有太阳、少阳、明月、玉柱、万岁、凤凰、悬练、卧龙、玉镜、青童、黄盖、狮子、鸡鸣、松涛、石幔、太白、罗汉、白鹿等。嵩顶又名峻极峰，《诗·大雅·崧高》就说："崧高维岳，峻极于天"，是中岳嵩山的最高峰。登临峰顶，极目远眺，北望黄河，明灭一线；鸟瞰山麓，名胜古迹星罗棋布。

这套《嵩山》特种邮票，以四个主要景点为画面，概括地反映出嵩山的特征和全貌。

邮票解析

图4-1【中岳古庙】位于太室山南麓黄盖峰下。嵩山原有太室祠，始建于秦。西汉元封元年（前110）汉武帝游嵩山时，下诏扩建，约在北魏时改今名。庙址屡有变迁，唐代中叶始定于现址。唐宋年间盛极一时，现存为清代重修后的规模，为河南最大的寺庙建筑。整个庙宇构筑在坦缓的山坡上，坐北朝南，由低到高，山峦环拱，翠柏掩映，红墙绿瓦，金碧辉煌，气势巍然。庙门南有太室阙，是我国现存最古的庙阙。门前有汉代石翁仲雕像一对，为象征性的守门人；月台上有清代石狮一对，张牙舞爪，虎视眈眈。从中华门起，经遥参亭、天中阁、配天作镇坊、崇圣门、化三门、峻极门、崧高峻极坊、中岳大殿、寝殿到御书楼共11进，长达1.3千米，面积10余万平方米。有楼、阁、宫、殿、台、廊、碑楼等建筑400余间。特别是中岳大殿，计45间，方圆120米，面积920平方米，红墙黄瓦，气势雄伟，庙内有唐宋以来的古柏300余株，金属铸器和石刻碑碣百余座。尤以北魏的中岳嵩山高灵庙之碑最为驰名，是古代书法艺术的珍品。庙前石翁仲刀法古拙。北宋铸造的四大铁人，气势威严，堪称汉代石刻艺术和宋代铸造艺术的佳作。

图4-2【嵩门待月】嵩山南麓有座法王寺，建于东汉明帝永平十四年（71），寺东玉柱峰西壁下，有两座山，山峦对峙，嶙峋崛突，其状如门，故称"嵩门"。每逢仲秋月夜，一轮明月从这半圆形的门中缓缓升起，皎洁月光使群山披上一层银装。而从法王寺往北，不远处还有巍然屹立的四座古塔，其中西南角一座，即为

"法王寺塔"，平面正方形，高约40米，密檐式，外廊呈抛物线形，塔身以上为15层密檐，檐间有假门窗，通体用白灰敷皮一层，塔身南面辟圆券门，门内有室，室内供奉着汉白玉雕阿弥陀佛一尊，是明代周王朱有燉因生子还愿所献。据《嵩书》记载，此塔建于隋文帝仁寿二年（602）。赏月之人，登上山坳，坐在法王寺月台上；或登临塔内，凭栏远眺，高谈阔论，指点江山，或颂酒欢歌，观赏秀景，直待日出"嵩门"，常常时过三更，银月西斜，仍迟迟不愿离去。

图4-3【嵩林晴雪】嵩山少林寺是驰名中外的佛教寺院，是中岳嵩山最负盛名的名胜古迹。在它的门前，有一块巨大的斜石板，每逢夏季中午，雨后初晴，映着日光，银光反照，游人站在少林寺方丈室前面的月台之上，举目南眺。可看到绿色山峦之中，闪着一片银光，恰似白雪一般，故称之为"少林晴雪"，也叫"少室晴雪"。

图4-4【嵩山如卧】"嵩山天下奥"，"横卧九州五岳之中"。登临耸立于层峦叠嶂之巅的嵩山最高峰，即海拔1492米的峻极峰，放眼四望，群峰起伏，横亘天地，万山蜿蜒，逶迤连绵，如猛虎蹲伏，似金刚醉卧，稳定厚重，气势磅礴。

嵩山寺塔

三清山 （T）

发行日期：1995.11.1

4-1

4-2

4-3

4-4

（1995-24）

4-1三清福地　20分　5249.75万枚

4-2司春女神　20分　5249.75万枚

4-3观音赏曲　50分　3149.75万枚

4-4巨蟒出山　100分　2601.75万枚

邮票规格：（1、2图）50mm×30mm；（3、4图）30mm×50mm

齿孔度数：12度

整张枚数：40枚

版　　别：胶版

设计者：黄永勇、温祖望

印刷厂：河南省邮电印刷厂

全套面值：1.90元

知识百花园

　　三清山位于江西省东北部玉山、德兴两县交界处，景区面积220多平方千米，中心景区71平方千米，共分三清宫、梯云岭、三洞口、玉灵观、西华台、石鼓岭六个景区。主峰玉京峰海拔1817米。三清山因玉京、玉华、玉虚三峰宛如道教所尊玉清、上清、太清三仙境，并有古建筑三清宫而得名。早在1600多年前，晋代道教理论家、医学家葛洪就在此山修道炼丹。明朝时道教兴盛，三清山成为我国道教名山之一。自古享有"高凌云汉江南第一仙峰，清绝尘嚣天下无双福地"的美誉，1988年被列为国家重点风景名胜区。

　　三清山风景名胜资源丰富，规模宏大，种类齐全，东险西奇，北秀南绝，兼具"泰山之雄伟、华山之峻峭、衡山之烟云、匡庐之飞瀑"的特点，奇峰异石，云雾佛光，苍松古树，峡谷溶洞，溪泉飞瀑，古代建筑，石雕石刻，各具特色，令人目不暇接。据普查，仅三清宫、梯云岭两个主要景区就有景点52处、景物景观258个、古建筑51处、石雕石刻232处。苏轼、佛印、朱熹、王安石、杨亿、陆游、徐霞客等都曾到此游览，留下了许多绮丽的诗篇。

　　这套《三清山》特种邮票共四枚，其中后三枚，作为其主要景点，意在对三清山自然景观的描绘；而第一枚，则是对三清山道教人文景观的刻画，以全面反映其特色。

图4-1【三清福地】三清山人文景观尤以宫宇殿府、摩窟石刻、题记神像著称于世。主要景观有三清宫、丹炉、丹井、老子宫观、葛仙观、龙虎殿、九天应元府、詹碧云藏竹之所、天门、冲虚百步门、飞仙台、步云桥、流霞桥、风雷塔等230多处。其中风雷塔是人文景观最有代表性的宋代建筑，位于三清宫东北方悬崖边缘，前临幽谷，气势雄伟，塔顶、塔身、塔底均用花岗石砌成，六层五面，塔高3米，古朴玲珑。这些建筑均以三清宫为中心，按"先天八卦图"排列，八部景物各自巧妙地利用地形、天象、风云、山势、设象、造型等，与三清宫构成相互烘托、互相呼应之整体，形同众星捧月之势，融自然与人文景观于一体，使人飘飘然如置仙境之中。

图4-2【司春女神】司春女神是一座罕见的象形奇峰，"凛凛然如遗世独立，飘飘忽为烟横雾卷。"远远望去，只见"女神"秀发披肩，酥胸佩花，凝目端坐，神态庄重，似在永恒的微笑。传说她是职掌春天的女神，本是炎帝神农氏的女儿，被封为"司春女神"，名叫东皇太乙。她教民众种五谷、织麻布、采草药，为老百姓的平安生活，创下了千秋功业。

图4-3【观音赏曲】观音赏曲是由三座山峰自然组成的一幅美妙图画。第一峰状如弹拨琵琶；另一峰犹如垂耳飘髯的老者，神态静穆端肃，正蹲坐在危崖，怀抱琵琶拨弄琴弦；旁仁一峰恰好位于老者对面，酷似南海观音，耸立云天，观音头戴法巾，从头顶垂于肩下，面部微侧，轮廓分明，双手拢于宽袍大袖之中，做拱手姿态，似在垂目入神谛听。

图4-4【巨蟒出山】巨蟒出山是一柱高达128米的巨峰，突兀凌空，至顶端处略显弯曲，酷似一条硕大的"巨蟒"，舒展腰肢，伸长颈项，横空探首，跃跃欲试。它裹挟着阴森森的寒风冷雾，挺立于苍茫云海，势欲破壁而出，撼人心魄。

香港风光名胜（T）

发行日期：1995.11.28

（1995-25）

4-1维多利亚港湾	20分	4915.7万枚
4-2中环广场	50分	3000.5万枚
4-3文化中心	60分	2630.9万枚
4-4浅水湾	290分	2637.2万枚

邮票规格：50mm×30mm

齿孔度数：12.5度

整张枚数：42枚
版　　别：胶版
设计者：黄里、阎炳武
印刷厂：北京邮票厂
全套面值：4.20元

　　香港位于中国南部、珠江口东侧，与广东省深圳市毗邻，素称"东方明珠"。它由香港岛、九龙和新界（包括附近235个岛屿）三部分组成，总面积1078平方千米，其中"新界"为946.4平方千米，约占香港总面积的87.78%。人口600多万，其中华人占98%。

　　香港自古以来就是中国的领土，考古发掘材料证明，早在公元前4000年左右，就有使用新石器和陶器的我国居民在香港地区居住。从唐朝开始，中国政府便派有军队驻守，并在海上巡逻。从宋到明，我国内地人迁往香港地区定居者逐渐增多，新界的邓、候、廖、彭等姓，大都有数十代以上的历史。香港的得名与莞香很有关系，莞香即东莞市所产之沉香。这种产在东莞市的沉香销路很广，明朝时每年贸易额在数万两白银以上。古时香港岛和九龙等均属原东莞县管辖，所产香料质量优良，其中有一种"女儿香"更被誉为"海南珍奇"。当时香港、九龙所产沉香都从香港仔海湾运往各地，所以称为香港，又称香江、香海。香港山峦起伏，山地和丘陵面积约占3/4。属亚热带季风性气候，冬无严寒，夏无酷暑，山明水秀，风光宜人。市区在香港岛北部和九龙半岛南端，有铁路和公路经深圳通广州。香港岛与九龙半岛之间港阔水深，是世界上优良的天然海港之一，港内有三个大海湾、两个避风塘、70多个船只停泊所，可以停泊万吨巨轮。港内的葵涌码头，可同时停放六艘万吨级集装箱巨轮，在世界集装箱码头中仅次于纽约、鹿特丹而居第三位，香港已成为远东的航运中心。香港的自然资源贫乏，食物、燃料、原材料等，绝大部分依赖进口。香港早期以经营转口贸易为主，20世纪50年代起，开始发展加工出口工业。目前，香港已成为亚太地区经济发展速度最快的地区之一。香港与纽约、伦敦并称为世界三大金融中心。

1840年第一次鸦片战争后，清政府屈辱求和，于1842年8月29日同英国签订了中国近代史上第一个不平等条约《中英江宁条约》（即南京条约），这个条约共13条，其中第三条规定将香港割让给英国。稍后，英国又于1856年10月借口"亚罗"号事件，联合法国向中国发动了第二次鸦片战争，并于1860年12月24日迫使清政府签订了《中英北京条约》，这个条约第六条规定割让九龙司地方一区（即目前九龙半岛界限街以南）给英国。1894年中日甲午战争以后，西方列强争相在华划定势力范围，英国又于1898年6月强迫清政府同它缔结了《中英展拓香港界址条约》，强行租借了深圳河以南、界限街以北，以及附近的230多个岛屿，包括大鹏湾和深圳湾海域（即后来称之为"新界"地区），租期为99年，到1997年6月30日期满。清朝被推翻以后，中国历届政府都没有承认英国对香港的永久主权。

中华人民共和国成立以后，我国政府曾多次阐明对香港问题的立场，指出香港是中国领土，中国不受过去英国政府同中国清朝政府签订的不平等条约的约束，中国将在条件成熟的时候恢复行使对整个香港地区的主权。为此，中英进行了多次谈判，并于1984年12月19日签署了《关于香港问题的联合声明》。声明规定：中华人民共和国政府决定于1997年7月1日恢复对香港行使主权，英联合王国政府于1997年7月1日将香港交还给中华人民共和国。中国政府根据"一个国家，两种制度"的方针，宣布对香港的基本政策，50年不变。其中包括我国恢复行使主权后，设立香港特别行政区，除外交和国防事务属中央人民政府管理外，享有高度自治权，现行社会、经济制度和生活方式不变，法律基本不变等。

为了纪录香港回归祖国这件大事，同时也让人们能从邮票上一览香港风貌，邮电部决定从1995年起，至1997年，每年发行一套有关香港题材的邮票。这套《香港风光名胜》四枚邮票，即为这一系列的首套。

邮票解析

图4-1【维多利亚港湾】维多利亚港是位于香港岛和九龙之间的一个深水良港。海水碧蓝，形似鲤鱼，东西接海，南北临山。远洋巨轮可自由出入，国际航运十分发达，是亚洲及太平洋地区乃至世界上的重要海运枢纽。港湾水面广阔，面积达60平方千米，可容纳吃水12米的轮船出入，并能同时停泊150艘万吨巨轮。港湾内有多处天然避风塘，如东部有菁箕湾，西边有葵涌集装箱码头，长达2300米，区

域面积114万平方米，是世界上最大的集装箱运输中心之一。目前，该港湾有19条主要航线通往世界各地。港湾沿海土地大部分是自1851年起不断填海得来的。现在高楼林立，车水马龙，夜间华灯一片，是观景佳处。

图4-2【中环广场】中环广场坐落在香港岛湾仔区西南部的港湾路，建于1993年。楼高374米，78层，是目前香港和亚洲的最高建筑，位居世界第四位。建造费用高达33亿港币。建筑进度每天一层，打破香港历史纪录。整座建筑外墙用金银色的反光玻璃包裹，大厦三面自下而上装有隐蔽式霓虹灯，当夜幕降临时交替闪烁六种颜色，格外悦目。顶部是一支重125吨、高64米的铜质主杆，高高矗立，既可避雷，又可记录风速。主杆下建有玻璃幕墙的金字塔，可发出多姿多彩的灯光。整座大厦由高度自动化系统控制。高达三层的大堂内有欧陆式巨柱，高雅的花岗石和满墙的名画，使大厦充满艺术色彩。因其建筑独特，而成为广场的标志。

图4-3【文化中心】文化中心位于九龙尖沙咀海滨，原广九铁路总站前的钟楼仍保留完好。该中心是当时香港政府与市政局合资分期兴建的一座融现代科技文化为一体的雄伟建筑，由太空馆、演艺厅、图书馆、艺术馆组成。1980年10月落成的太空馆，外观呈半球形，馆内设展览厅、太阳厅、天象厅等，并可放映电影。1989年11月正式开幕的演艺厅，拥有一间2100个座位的音乐厅、1700个座位的歌剧院、300～500个座位的实验剧场及一个艺术图书馆。该大厅不仅为本港提供各种文化服务，也是国际艺术文化交流、展示和举行会议的场所。文化中心设备先进，拥有可调式回音帘幕、东南亚最大的管风琴、旋转换景系统、自动升降乐池、多功能展览厅、语言通译系统等。灯光照明、环境气氛均属当今一流。丰富的香港艺术博物馆的收藏精品更令人叹为观止。

图4-4【浅水湾】浅水湾位于香港岛南部，东有孖孖岗山，北有紫罗兰山，西有丽海堤岸路，南有中湾、南湾。香港有42个海滩，浅水湾是最有名的海浴场所。海岸线绵长，滩床宽阔，沙细水滑，海水清澈见底。湾内各类设备先进，并有香港最大的烧烤区及远近闻名的跳蚤市场、餐厅、酒店、超级市场等。不远处的海滨公园内塑有高达数米的巨型天后圣母及观音菩萨像。浅水湾游客长年不断，可与地中海媲美，有"天下第一湾"和"东方夏威夷"之称。

沈阳故宫（T）

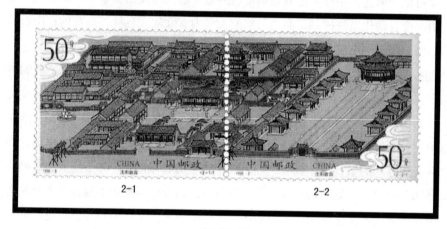

（1996-3）

2-1沈阳故宫·西部建筑　　50分　　2151.75万枚

2-2沈阳故宫·东部建筑　　50分　　2151.75万枚

邮票规格：50mm×38mm

齿孔度数：12度

整张枚数：16枚（2枚横式联印）

版　　别：胶版

设计者：王岚、刘文斌

印刷厂：辽宁省沈阳邮电印刷厂

全套面值：1.00元

沈阳故宫是全国遗存下来的完整的两座宫殿建筑群之一，是清代最早的一座皇宫。它位于沈阳旧城的中心。沈阳旧城是在明代沈阳中卫城的基础上，后金（清朝的前身）于天聪五年（1631）改造而成的。城内呈"井"字形大街，故宫恰在"井"字的中心，占地六万平方米，全部建筑90余所，300余间。整个故宫金瓦红墙，光彩夺目；白玉石栏，庄重大方；五彩琉璃，色彩斑斓；雕梁画栋，巧夺天工。它始建于明朝天启五年（后金天命十年，1625），建成于明崇祯十年（清崇德二年，1637）。其创始人努尔哈赤，原为建州女真部落首领，曾任明朝建州卫都指挥使。明万历十一年（1583），他起兵统一女真各部落。至明万历四十四年（1616），努尔哈赤于赫图阿拉（今辽宁省新宾县境内）称汗，建国号大金，建元天命。之后，曾在关外三易都城。天命十年（1625）奠都沈阳，始建宫殿，翌年8月11日病殁。他的继承人、第二代汗皇太极在此继续进行了营造和扩建。1644年，清世祖福临在这里即位称帝之后，改元"顺治"，并于当年挥兵入关，统治了全中国。清政权移都北京后，沈阳故宫便被称为"陪都宫殿"。清王朝把故宫和盛京（沈阳）一起，视为"龙兴圣地""沛里故居"。此后，清历朝皇帝循制祭祖，恭谒三陵（永陵、福陵、昭陵），曾先后11次来到这里。这期间曾对故宫进行过多次大修、增修和扩建。

沈阳故宫的建筑布局分为东、中、西三路。东路为清太祖努尔哈赤时期建造的大政殿、十王亭。中路为清太宗皇太极时期续建的大内宫阙，包括大清门、崇政殿、凤凰楼及清宁宫等。西路是乾隆时期增建的文溯阁、仰熙斋、嘉荫堂等。整个宫殿建筑以其独特的历史、地理条件和民族特色而迥异于北京的皇宫。例如，故宫内的殿宇，全部建在平地上，而居住用的后宫，却建在3.8米的高台上，形成了宫高于殿的特点。这与女真族长期生活在半山区，通常把住室建在"阿拉"（平岗）之上的习俗是联系在一起的。沈阳故宫的台上王宫，形成了一个"四合院"式的住宅群，保留了满族民间的建筑格局。宫殿建筑多用黄琉璃瓦以绿镶边，脊上装饰着绚丽多彩的五色琉璃，体现了少数民族喜用多种颜色的特点。其主要建筑多为"硬山式"，即山墙全部用砖垒成，窗户纸糊在窗外；各宫殿均用火坑和地龙双重取暖；清宁宫的西四间，南、西、北三面相连的"万字炕"；宫后西北角拔地而起的烟囱等，都反映了满族的生活习俗和特色。这座具有独特历史和艺术价值的古代皇宫，在清朝灭亡之后，便被辟为博物馆。1953年建立沈阳故宫陈列所，1954年改为沈阳故宫博物馆，1961年被国务院公布为全国第一批文物保护单位，国家曾拨出大量经费修缮这些古代遗迹。它既保留着清代完整的古建筑群和金殿寝宫的华贵陈设，又是国内外享有一定声誉的大型博物馆，收藏和陈列着明清两代艺术珍品和工艺美术品，成为举世闻名的名胜古迹和游览胜地。

这套特种邮票设计者采用传统中国画的透视方法，用黄色仿古绢做底色，突出了线的运用，展现了沈阳故宫的全貌。

邮票解析

图2-1【沈阳故宫·西部建筑】邮票画面的左半部分为故宫的西路建筑，其主体为文溯阁。文溯阁是二楼三层建筑，黑琉璃瓦绿剪边。它仿明代宁波大藏书家范钦的天一阁，专为收藏清代乾隆时期编纂的大型类书《四库全书》而建。此阁外观两层，实则三层，是全国存放《四库全书》的著名七阁之一。阁东有碑亭，内立乾隆亲撰的《御制文溯阁》及《宗孝论》。阁前建有嘉荫堂、戏台，是清帝东巡驻跸赏戏的地方。阁后有仰熙斋，是清帝东巡读书之处所。邮票画面的右半部分为故宫中路建筑的一部分，建造华丽的大清门，是皇宫的正门，相当于北京故宫的午门，各级官员及侍卫、护宫等晨、夕入朝皆集于此，是文武百官候朝之所，进入大清门，中间是被称作御道的甬路，左有飞龙阁，右有翔凤阁。前行不过百米，便是正殿崇政殿，俗称"金銮殿"，它是一座面阔五间的硬山前后廊式建筑，山墙顶端及正脊上还镶嵌着做工精细、形象生动的五彩琉璃赶珠龙，两端饰虬吻。尤为别致的是两檐柱间用一条雕工精美的整龙连接，而将龙头探出檐外，龙尾插入殿中。这种构造把实用性和装饰性融为一体，不仅增强了皇家殿宇的神秘气氛，而且对整个崇政殿建筑起了美化作用。殿后是中院，东有师善斋和日华楼，西有协中堂和霞绮楼，这些建筑都是皇太极时期增修的。

图2-2【沈阳故宫·东部建筑】邮票画面的右半部分为故宫的东路建筑，其主体为大政殿，原名笃恭殿，为八角重檐攒尖式建筑。正门有金龙蟠柱，两条金龙翘首扬爪共扑火焰珠；殿内顶部有降龙藻井；四周为汉、梵文团字，这种造型在古建筑中很少见。在殿前东西两侧各排列着五座亭子，东侧五座分别名为左翼王亭、镶

黄旗亭、正白旗亭、镶白旗亭、正蓝旗亭；西边五座分别名为右翼王亭、正黄旗亭、正红旗亭、镶红旗亭、镶蓝旗亭。十座王亭形成一组院落建筑，十分壮观。这里曾是清朝初期八旗军政组织的指挥中心。这种将至尊的皇帝御用的大政殿与八旗王公及大臣办事的十王亭同时建在皇宫内，形成"君臣合署办公"的局面，在我国古代宫殿建筑史上可谓独树一帜，空前绝后。清仁宗有诗道："大政据当阳，十亭两翼张。八旗皆世胄，一室汇宗潢。"明确表达出大政殿、十王亭与八旗政体之间的密切关系。邮票画面的左半部分为故宫中路建筑的一部分。坐落在崇政殿后3.8米高台上的凤凰楼，是一座三层单檐黄琉璃瓦缘剪边式建筑。凤凰楼是昔年盛京最高建筑，曾有"凤楼晓日"之誉，为"盛京八景"之一。穿过楼下中门，即可登台上王宫，前楼后宫，形成一组城堡式的独特建筑。这里是皇帝后妃生活区。清宁宫坐北朝南居中，为中宫。两侧为四大配宫，东侧有关雎宫、衍庆宫；西侧有麟趾宫、永福宫。皇太极称帝改元，始建宫闱制度，册立嫡福晋博尔济特氏哲哲为清宁宫中宫皇后，成为清代第一位皇后。乾隆十三年（1748），又增建了崇政殿东、西的两组狭长院落，习称"东宫"和"西宫"。其中东为颐和殿、介祉宫、敬典阁；西为迪光殿、保极宫、崇漠阁，使这一宫殿群更为完善。

沈阳故宫室内陈设

经略台真武阁（T）

发行日期：1996.7.9

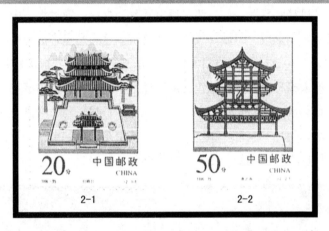

（1996-15）

2-1经略台　20分　3979.25万枚

2-2真武阁　50分　2101.75万枚

邮票规格：30mm×40mm

齿孔度数：12度

整张枚数：50枚

版　　别：胶版

设计者：何军

印刷厂：辽宁省沈阳邮电印刷厂

全套面值：0.70元

经略台真武阁位于广西壮族自治区容县城东绣江河畔，建在人民公园内的北灵山上，对着中国道教圣地二十洞天都峤山。据容县文史资料记载，远在唐代，容县是岭南五管之一的容管治所，统领14州60余县。唐乾元、大历年间（758～779），诗人元吉（字次山，天宝进士）以道州刺史进授容管经略使。唐乾元二年（759），元吉在此建台，以供观赏风景、朝会习仪和操练甲兵之用，并取"天子经营天下，略有四海"之义而名"经略台"。台长约50米，宽约15米，高约4米，中间夯土，四周砌砖石，土上堆沙约1米厚，上面原有建筑物，后被废弃。至明洪武十年（1377），由于道教的流行，在此建起了道观武当宫，是为真武阁的前身。经历代兴弃，到明万历元年（1573）为奉祀真武帝以镇火灾，在台上建成坐北朝南的真武阁。阁共三层，通高13.2米，面宽13.8米，进深11.2米，全阁用近3000条大小不一的南方特有的格木构件，以杠杆结构原理巧妙串联吻合，相互制约，彼此扶持，不用一件铁器铁钉，协调而牢固地组成一个统一整体。二楼的四根内柱，承受上层楼板、梁架、配柱、屋瓦和脊饰的沉重荷载，柱脚却离楼板约三厘米，悬空不落地，这是全阁中结构最为奇特精巧的部分。其方法是在悬空柱上，分上下两层用18根枋子（拱板）穿过檐柱（即底层内柱的上部），组成两组严密的"杠杆式"斗拱，斗拱托承外面宽阔的瓦檐，拱尾托起室内悬空柱本身，以檐柱为支点挑起来。这样，二层楼上的四根内柱就悬空了。实际上，这四根内柱并不起顶梁柱的作用，而是和其他构件连在起，相互制约着，并将它们身上的荷载，利用杠杆原理，分散到底层直通阁顶的八根巨柱上。八根巨柱支撑着全阁的三层建筑，它们不是埋在地下，而是放置在八个石礅子上，且石礅子又是放在一米多深的沙土上，以借沙土的弹性，减少地震时给整个楼阁所带来的影响。

外观呈塔形的经略台真武阁，虽不算高大，但它绿脊金瓦，飞檐凌空，昂首伫立，古朴天成，气势却也堪称雄伟。400多年来，它虽经五次大风暴，四次强地震，如清康熙四十五年（1706），"武庙前旗杆三丈，大风拔起。所过垣墙皆塌，同时经略台东偏柱为雷震击，状如斧折"；咸丰七年（1857），"地震有声，屋宇皆摇"；光绪二十年（1894），"大风雨雹，拔树坏民舍"等，但至今仍屹立巍然，显示着我国古代工匠的超人智慧。我国当代著名建筑学家梁思成教授曾于1962

年1月专程到容县实地考察，并于同年7月在《建筑学报》上发表题为《广西容县真武阁的"杠杆结构"》论文，高度评价了这一建筑，他写道："容县真武阁的杠杆结构在建筑史上是一个罕见的例子。在木构建筑中，乃至在任何现代的金属结构中，主要依靠这种杠杆作用来维持一座建筑物的平衡，是从来没有看见过的。在真武阁中两个相反的推力却都来自构件本身的内部，像一架天平那样，是'活'的而不是死的，是动的而不是静的。从这一意义来说，我们可以说它是建筑结构中的一个'绝招'。这是我们后代所不得不深为敬佩的。"确为罕见的经略台真武阁的奇特结构，不愧为我国古代建筑中的一颗明珠，1982年3月它被列为全国重点文物保护单位。

容县真武阁

天山天池（T）

发行日期：1996.8.8

4-1

4-2

4-3

4-4

（1996-19）

4-1高峡平湖　　20分　　　3781.75万枚

4-2悬泉飞瀑　　50分　　　2703.75万枚

4-3湖屏雪峰　　50分　　　2703.75万枚

4-4湖畔胜景　　100分　　　2201.75万枚

邮票规格：（1、4图）50mm×30mm；（2、3图）30mm×50mm

齿孔度数：12度

整张枚数：40枚

认识邮票中的名胜古迹

151

版　　别：胶版

设计者：王振华、李德福

印刷厂：辽宁省沈阳邮电印刷厂

全套面值：2.20元

知识百花园

天山天池，位于新疆昌吉回族自治州阜康市境内的天山主峰，即海拔5445米的博格达峰的腰部，远远望去，犹如一块色彩斑斓的晶莹碧玉，镶嵌在九天之上。它湖面南北长约3.3千米，东西宽约1千米，面积4.9平方千米，平均水深40米，最深处105米，总蓄水量1.6亿立方米，湖面海拔高度1980米。天山天池以其险峻的山川冰雪，浩渺的湖水碧波，繁茂的森林草坪，众多的庙宇寺阁，吸引着无数游人来此观光游览。为此，早在1958年，国家便修起一条直通天池的盘山公路，从乌鲁木齐坐汽车，只需两个多小时就可到达。附近还盖起了招待所，修建了水电站。入夜，繁星般的灯光，使天池更加光彩夺目，恰似博格达峰上的一颗璀璨的明珠。

邮票解析

图4-1【高峡平湖】天池镶嵌在皑皑雪峰和苍翠欲滴的群山环抱之中，湖水清澈，绿如碧玉，四周冰峰层叠，云杉参天，景色秀丽，即使在盛夏季节也能感受到丝丝凉意。邮票画面即表现了天池的这一地理特点。

图4-2【悬泉飞瀑】天池水从东北方向下倾泻时，遇到断崖，形成一条壮观的瀑布，年深月久的冲蚀形成了跌水潭，这就是掩藏在原始森林中的东小天池。

图4-3【湖屏雪峰】在银波粼粼的天池四周，高山入云，苍松满坡，其东南隅即为笔立的博格达雪峰，即使是夏日消融，骄阳朗照，峰巅依然是冰雪拥戴，朗润清姿，与高山草甸上的白桦林相映成趣，将天山天池的雪域风光展现得淋漓尽致。

图4-4【湖畔胜景】夏日的天山天池，繁花似锦，绿草如茵，牧场辽阔，树海浓荫，凉风习习，清爽宜人，为人间避暑的绝妙去处。近处的草甸与远处的雪山，更能让人尽情领略分享这世间的奇妙景色。身着艳丽民族服装的哈萨克牧民在草地上搭起白色毡房，尽情享受着游牧生活的乐趣。